遗失物归属问题研究

李　昊◎著

知识产权出版社
全国百佳图书出版单位

内容提要

本书首次从权属变动角度，对私法中的遗失物归属问题进行了专题性研究，完善了整个物权变动的理论框架，内容关切到非依据法律行为的物权变动以及财产权变动的正当性命题，并讨论了市民社会中立法与道德、法律与效率的关系问题。

本书系研习民法尤其物权法的必备书籍，理解非依据物权行为之物权变动模式的有益书籍，对民法研习者、司法实务工作者及立法机关有较强的借鉴价值。

责任编辑：韩婷婷

图书在版编目（CIP）数据

遗失物归属问题研究/李昊著.
—北京：知识产权出版社，2013.4
ISBN 978-7-5130-2030-5

Ⅰ.①遗… Ⅱ.①李… Ⅲ.①物权法—研究 Ⅳ.①D913.04

中国版本图书馆 CIP 数据核字（2013）第 080870 号

遗失物归属问题研究

YISHIWU GUISHU WENTI YANJIU

李 昊 著

出版发行：知识产权出版社

社　　址：北京市海淀区马甸南村 1 号
邮　　编：100088
网　　址：http://www.ipph.cn
邮　　箱：bjb@cnipr.com
发行电话：010-82000860 转 8104/8102
传　　真：010-82005070/82000893
责编电话：010-82000860 转 8359
责编邮箱：hantingting@cnipr.com
印　　刷：知识产权出版社电子制印中心
经　　销：新华书店及相关销售网点
开　　本：720mm×960mm　1/16
印　　张：10
版　　次：2013 年 6 月第 1 版
印　　次：2013 年 6 月第 1 次印刷
字　　数：167 千字
定　　价：36.00 元

ISBN 978-7-5130-2030-5

序

关于遗失物的归属是私法中的传统命题，在我国“物权法”起草过程中也是受人关注且充满争议的议题，究其原委，盖因其不仅在微观层面关乎民法中的物权变动问题，而且在宏观层面还涉及法律与道德的关系问题。

李昊博士所著《遗失物归属问题研究》一书，是在他的博士论文基础上经过修改和充实而成的，本书从归属的维度系统地论述了遗失物归属问题及相关的基础理论，内容涵盖了对遗失物概念的解析，遗失物归属问题的产生原因，有关遗失物归属法律制度的流变，以及遗失物归属变动的方式、程序及结果，并讨论了涉善意第三人的遗失物、特定场所内遗失物以及金钱有价证券遗失物的归属问题。

作者在分析各国立法例的基础上指出，在遗失物归属问题上，宏观上存在“维持主义”与“变动主义”两种模式，考量效率及道德等因素，“变动主义”立法模式（遗失物经过特定程序与一定期间得发生所有权变动之模式）在维护所有权的同时，还兼顾到了效率与物尽其用的原则，故优位于“维持主义”，其非但不贬损“拾金不昧”的道德风尚，还能借助制度上的激励机制促成互助之良善风俗。在此基础上，作者还详尽论述了遗失物归属变动在微观层面上的问题，即变动方式、程序及归属结果的选择。作者指出，遗失物归属的变动不能单独依据先占、取得时效、失权等制度获得合理解释，而应将其认定为一种独特的、复合的物权变动模式，即首先将一定期间内无人认领的遗失物拟制为抛弃物，而后再发挥民法中的资源分配之功能，重新确立遗失物之归属。照此解释遗失物归属变动，当依据民法确定再分配遗失物归属时必然要面临归属结果上的选择，作者通过对各国立法中所谓“拾得人取得主义”、“公法人取得主义”、“拾得人不完全取得主义”的比较，认为从鼓励拾得人尽力帮助失主与贯彻物尽其用原则的角度考量，拾得人取得主义更具合理性。

本书作者在开展论述时采纳了比较法、法经济学、体系解释等法学方法，还借鉴了一些哲学与伦理学的资料，不仅对遗失物归属问题的基础理论进行了梳理和探讨，而且从解释论与规范论的维度对我国“物权法”上遗失物归属制度进行了详尽的分析，并尝试拟定了我国遗失物法的有关条款。无疑，作者的这些努力对推动物权法基础理论的研究和改善相关的司法活动，都是有所裨益的。当然，任何理论研究成果都不可能尽善尽美，本书亦有瑕疵与缺陷，例如对商法中关于特殊占有脱离物的讨论即稍显不足，希望作者再接再励，继续保持勤奋好学的精神和刻苦钻研的劲头，为推动法学研究和完善司法实践贡献自己的一份力量。

傅廷中

2013 年 3 月 19 日于清华大学

摘 要

本文拟从物权归属角度，讨论遗失物相关的民法制度，并从解释论与立法论两个维度对遗失物归属问题进行论述。除导论与结论部分外，本文有三个章节，分别为“遗失物归属基础论”、“遗失物归属变动论”与“特别遗失物归属之专论”。

在导论部分中，首先介绍了遗失物归属问题的缘起，指出动产的原权利人（遗失人）非基于其意愿而丧失占有的事实与拾得人的拾得行为，一并引起了遗失物归属问题的产生以及后续相关权利义务的展开，二者本于社会生活，不可分开。其次，介绍了遗失物归属问题的研究价值与意义，遗失物归属问题不仅是物权变动不可分割的一部分，而且关系到社会道德问题与财产制度安排的经济效率命题，值得研究。此外，导论对遗失物归属问题既有的相关文献资料进行了综述并阐述了本文的研究方法。

第一章“遗失物归属基础专论”，首先界定了遗失物的概念，讨论了遗失物的特征，在此基础上区别了遗失物与遗忘物、埋藏物，虽然在法律适用上一些国家立法规定遗忘物参照适用遗失物有关规定，但是遗忘物与遗失物还是有其区别，这种区别不仅与这些特殊动产的归属问题相关，亦与刑法中的构成要件问题相关。遗失物归属问题是民法中的传统命题，英美法系与大陆法系对该问题或通过判例法或通过制定法都进行过规制，有必要通过历史的与比较的方法对遗失物归属制度之流变进行梳理。在史的梳理与实证分析基础上，不难总结出遗失物归属法律制度在立法取向上主要有遗失物归属“维持主义”与“变动主义”两种，通过在效率、道德等维度下对这两种取向的比较，不难发现遗失物归属变动主义并非忽视了所有权的保护，而是更具灵活性，更考虑了效率与物尽其用之原则，因此优位于遗失物归属维持主义，但是这并没有解决遗失物如何变动、变动给何者的问题，需要继续讨论。

第二章“遗失物归属变动论”，主要讨论在遗失物归属变动主义立法例下如何借助民法的技术具体实现遗失物归属变动主义的价值选择。首先分析遗失物归属变动的方式，从类型上看，动产物权归属变动主要可分为原始取得的方式与继受取得的方式，又可分为依据意思表示的物权变动与非依据意思表示的物权变动。遗失物归属变动性质上属于原始取得方式的物权变动、非依据意思表示的物权变动。具体实现方式上，民法中存有先占、取得时效、孳息取得及添附等非依据意思表示的物权变动，这其中与遗失物归属变动方式相比较，容易让人混淆的主要有先占与取得时效等方式。在对遗失物归属变动与先占、取得时效等制度进行区别、比较的基础上，不难看出遗失物归属变动的方式系特殊的事实行为之一种。为平衡原所有权人（遗失人）与拾得人间的权利、义务，激励拾得人帮助遗失人取回遗失物，对遗失物归属变动应设立完备之程序，主要有遗失物拾得后的通知、报告与送交、保管、公告等环节，拾得人的权利与义务主要内嵌于这些程序中。最后本章将讨论遗失物归属判定结果的合理性问题，通过比较拾得人取得主义、公法人取得主义、拾得人不完全取得主义几种方案，从鼓励拾得人尽力帮助失主与贯彻物尽其用原则之立场考量，拾得人取得主义似乎更有合理性。

第三章“特殊遗失物归属”专论中，拟主要讨论几类特殊的遗失物归属问题，它们或者是所涉“行为”具有特殊性，如拾得人无权处分遗失物时所产生的涉及善意第三人的遗失物归属问题；或者是“空间”具体特殊性，如遗失物的发现与拾得发生在有特定管理人的场所内；或者是拾得“标的”本身具有特殊性，如权利凭证类的动产遗失时，权利载体与所载权利的归属问题。这几类特殊的遗失物归属问题原则上适用于前两章节中有关遗失物的界定、遗失物归属变动方式与程序的规定，但是在判定结果上，在程序的具体环节上又有各自特殊性，有必要进行讨论。

文章的结论部分，总结了整个文章的脉络与主要内容，并倡议应完善、充实我国遗失物相关的民事法律规范，以适应社会之需要。

关键词：遗失物；先占；取得时效；善意取得

A RESEARCH ON THE PROBLEM OF TITLE OF LOST PROPERTY

ABSTRACT

At the point of the ownership of lost property, the argument on both the interpretation and the legislature about the legal institutions dealing with lost property will be introduced in this dissertation. Besides the parts of introduction and the conclusion, there are three chapters in this dissertation, including the basic theory on lost property, a theory on the changing of the ownership of lost property and a theory on the ownership of some special lost property.

In the part of introduction, first of all, the reason for the problem of ownership of lost property to be focused is explained, it is believed that the combination of two facts cause the problem at the same time, one fact is the original owner lost his property and the other fact is the finder finds and takes possession of the los property. In addition, in this part the meaning of the whole dissertation and the method of the research is introduced after the summarization on the existing research works or other materials on the subject of lost property.

In the first chapter , the concept of lost property is to be discussed and the character of lost property is to be described. Based on the discussion above, the difference between lost property and other chattels like the mislaid property and treasure trove is to be set forth. Then the legal institutions of property law in the legal system of common laws and the continental legal system is to set forth in a historical view. Last but not the least, two different choice of legislature have been abstracted according the various models in the modern civil law, one is to change the ownership of lost property during the specific period after the declaration or notice of lost property, the other is not to change the ownership of lost property no matter how long has been lasted.

In the second chapter , the form and procedure to change the ownership of lost property are to set forth. The so called the form above is to supply a reasonable manner of changing ownership of lost property compared with some tradition ones like first possession or *usucaption*. The manner of changing ownership of lost property is somehow independent specific form in the whole system of property law. The procedure to change the ownership of lost property includes setting a notice, reporting, safeguarding and declaration, etc. Through these sectors of procedure, the finder is to obtain the lost property and the original owner' s interests and rights also to be protected since the finder must obey the procedural regulations above before he could get any interests on the lost property. In the last section of this chapter the decision of the new ownership of lost property is to argued, who will be the new ownership of lost property like the finder or the state is to be focused.

In the last chapter, the ownership of some types of special lost property is to be discussed. They includes mainly lost property related to the good faith purchaser, the lost property found in particular location and the lost property which represent some civil and commercial rights.

In the part of conclusion of this dissertation, it is summarized that the fundamental context and the clue in the former chapters. Besides , the suggestion on the regulations of lost property is to provide to help the activities of modification of the property law or a new legislature on lost property.

KEY WORDS: Lost Property, First Possession, Usucaption, Acquisition in Good Faith

目　录

导　论

一、遗失物归属问题的缘起——占有脱离与拾得行为的结合

（一）动产的占有脱离

遗失物仅限于动产，有关遗失物的私法制度不适用不动产之上，盖因不动产为现代社会重大稀缺资源且一般受登记制度维护，故而一般论及遗失物仅仅指称动产。被遗失的动产之所以被称为“遗失物”，首先在于其构成了“占有脱离”，即脱离了原权利人之占有。所谓“占有脱离”，从客观上看，原权利人对特定动产丧失了控制、管领之力，既不享有直接占有，亦丧失对该物的间接占有；从主观上看，占有与本权之脱离，并非原权利人的主观意愿，区别于委托、寄存之脱离原因，故而遗失物与盗赃（失窃物）并称为占有脱离物❶，此脱离状态更非原权利人之主动抛弃，抛弃系单方处分行为之一种，动产经由抛弃后构成无主物，不为遗失物。在学者看来，占有仅系一种事实❷，但各国民法中一般将占有作为动产物权享有和变动的外部特征与标志❸，作为公示手段，占有被法律用来在动产中使人注意权利的存在❹，故而在一定意义上，遗失物的占有脱离，使得其权属的公示手段无法正常发挥作用。然而无论如何，仅动产的占有脱离之事实并不意味着其归属当然发生问题。

（二）拾得人之拾得行为

拾得人之拾得行为是指发现他人遗失物而占有之事实行为，发现系指认识物

---

❶ 占有脱离物不限于遗失物与盗赃，可参考《日本遗失物法》第1条之规定。

❷ 江平：《中国物权法教程》，知识产权出版社2007年3月版，第23页。

❸ 李永军：《对〈物权法〉第一编的反思》，载《当代法学》2010年第2期，第12页。

❹ ［德］沃尔夫：《物权法》，吴越，李大雪译，法律出版社2004年7月版，第75页。

之所在，占有系对标的物之事实上支配管领力[1]，发现与占有两相结合方构成拾得人之拾得行为。拾得人发现并占有遗失物的行为构成遗失物归属从确然到不定，再经法定程序与期间从不定到确然整个过程的“触发点”，也是该过程中法律关系当事人权利义务产生的逻辑起点。

唯应注意，现代社会法律并不苛加“路人”见到遗失物必须主动捡拾之义务；若有人捡拾，则触发整个遗失物归属判定过程并引起相关权利、义务；若路人对遗失物置之不理、兀自走开，自法律规范层面也无可厚非。但在中国古代，情形却并非如此：秦律有谓“拾遗者刖，曰为盗心焉”，捡拾遗失物的行为被界定为一种刑事犯罪[2]，此为“不得捡拾”也。在以色列人的犹太法里却正好相反，捡拾行为被蒙上道德义务，被邻人遗失物绊倒的人有义务“干预”进而返还遗失物[3]，是谓“不得不捡拾”。后世民法本着现实主义精神不再为捡拾行为设定义务，也不再持有“拾遗近盗”的焦虑心态[4]，允许甚至鼓励市民社会成员“拾得”遗失物，以恢复财产秩序并促进物尽其用，但这样做的同时，也给遗失物归属带来了问题，如一些国家的民法规定拾得人不仅在拾得遗失物时享有一种期待利益，而且在遗失物公告期满仍无人认领时得最终取得遗失物之所有权，这必定导致遗失物归属发生变动，这种变动的原因和正当性不无疑问，需要加以诠释与解读。

（三）结论

综上，动产自原权利人处脱离其占有使得原权利人权属的公示手段失效，而拾得人通过发现与占有遗失物的拾得行为，依法享有相关的权利并同时承担通知、报告、保管等义务，这些义务的履行导致遗失物的归属可能发生变化，若经过一定的失物招领之公告期仍无人认领的，遗失物可能会归属于国家等公法人，也可能归属于拾得人，需要立法对遗失物归属结果进行判定。总之，动产原权利

---

[1] 谢在全：《民法物权论》（上册），中国政法大学出版社2011年4月版，第289页。

[2] 后世逐渐松动。

[3] Micheal J. Broyde and Micheal Hecht, The Return of Lost Property according to Jewish & Common Law: A Comparison Source, *Journal of Law and Religion*, Vol. 12, No. 1 (1995 ~ 1996), pp. 226-227.

[4] 吴向红：《中国古代遗失物制度的法律运行与观念流变》，载《法学》2006年第1期，第56页。

人非基于其意愿的丧失占有之事实与拾得人的拾得行为结合，一并引起了遗失物归属问题的产生以及后续相关主体权利义务的展开，二者源于社会生活，不可分开。

二、遗失物归属问题的研究价值

当遗失之动产脱离原占有人之占有并为拾得人捡拾时，会引发有关遗失物归属的一系列问题：占有脱离意味着“遗失”还是“遗忘”？拾得人的法律地位是什么，是什么促使遗失物的权属发生变动？有的国家规定无人认领的遗失物归拾得人所有，其依据为何？我国法律规定其归国家所有，依据又是什么？遗失物归属问题与权属变动的结合使得遗失物归属法律制度成为物权法或民法中的特殊领域，上述问题都有展开学术上探讨的必要性。探寻这些问题脱离不了对物权变动以及法益平衡等问题的思考，因而表面看似简单的遗失物归属问题实际上是一个超越技术性规范之外的复杂法学命题。

物权法在作为上层建筑的法律制度中，最与特定时空内的特定经济基础相关，因而物权法秩序的维护对整个社会秩序的维护至关重要，我们也据此认为“定纷止争”是物权法的首要功能与任务。物权法秩序的维护并不仅仅是确定与维护主体与物之间的关系，更是为了确定主体与主体之间的关系，界定主体的行为边界。黑格尔在论述“主奴关系”时曾指出，虽然奴隶被异化——受到主人的命令和目的之限制，以至于不可能以最简单的方式来维护自己；但是主人，就其自己把自己视为主人而言，并不能从奴隶那里得到任何回应，通过这种回应，才能发现他自己是一个充分发展了的人❶。同理，在主体与物之关系中，主体不能从物的控制中得到自己身份认知的回应，而只能从其他主体处得到回应，这种回应的声音就是自己把自己视为主人，得到他人的认同。因而人与物的关系实为人与人之关系，物权归属问题归根到底也是人与人之间的关系问题。

自拾得人管领遗失物时起，拾得人与原权利人即遗失人即处于一种充满潜在冲突的关系中，物权法秩序有可能受到威胁。虽然现代社会本权与占有的脱离司空见惯，但是出于习惯与交易成本的考虑，占有仍具有权利的推定效力，这使拾

---

❶ ［德］黑格尔：《精神现象学》（上卷），贺麟，王玖兴译，商务印书馆 1981 年版，第 123 页。

得人生活空间里信赖其占有的权利外观亦成为可能，使得潜在利益冲突的可能性增大，整个物权法秩序甚至整个社会的交易秩序都会受到威胁。遗失物归属制度的研究因此显得非常必要，它肩负着重构占有脱离物的归属秩序、调和市民社会不同主体间权益冲突的使命。

从秩序追求的角度来看，研究遗失物归属问题需要兼顾整个民法体系，尤其是物权变动体系，但是法律的技术性与体系解释不能忽略民法的调整对象——社会生活关系本身。正如学者所言，民法在追求抽象性的完美上十分成功。学法之人若不能在民法典精妙绝伦的法律制度和法律规范的智力游戏中感到乐趣就不会是一个好的法学家。但是，在民法典的技术琴键上演奏，会太容易把演奏本身当成了目的。忽视对恰恰要运用法律来解决的生活情况的观察，忘记法律规定的本来意义，这种情况经常发生❶。我们当然要避免这种情况的发生，虽然法学研究需要抽象化的、体系化的法律语言来适用法律，以更好地规整社会生活，但是不能成为脱离实践需要的空洞的文字游戏，解决市民社会中的生活问题是民法的恒常要旨。

遗失物归属问题除关涉物权法秩序以外，也关系到市民社会的精神层面。在市民社会中，每一个人都是其自身的目的，其他一切目的在某一具体个人看来都是虚无的。但是，如果不与其他人发生关系，个人就无法实现其全部目的，因此，其他人便成为特定的个人达到其目的的手段。但是，这些特定个人的特定目的在与他人的关系中就获得了普遍性的形式，并且在满足自己的同时也满足了他人的福利❷。因此，在市民社会中，个人的存在和目的与他人的目的和权利交织在一起，即个人的存在和目的有赖于这样一种相互依存的关系，而且也只有通过这种相互依存关系才能得到实现和保障❸。市民社会及其成员的上述特征使得市民社会需要互助的精神风尚，而民法中的无因管理制度与遗失物归属法律制度，在本质上都体现了对于市民社会成员互助精神的“制度性”落实，研习遗失物归属问题能更好地理解市民社会的道德观念以及精神世界。

---

❶ ［德］施瓦布：《民法导论》，郑冲译，法律出版社 2006 年 4 月版，第 31 页。

❷ ［德］黑格尔：《法哲学原理》，范扬，张企泰译，商务印书馆 2009 年版，第 197 页。

❸ ［法］狄骥：《法律与国家》，冷静译，中国法制出版社 2010 年 5 月版，第 84 页。

三、有关遗失物问题的研究现状与本文之回应

围绕遗失物此类特殊动产而延展的民事法律制度研究，法学界已存有若干成果，有些学者从宏观的视角，即制度论或立法论出发进行阐述，有些学者从微观的视角，即攫取遗失物法相关制度中的一个层面行文。宏观论者有以“遗失物制度”或称“遗失物拾得制度”为主题的，如谭启平、蒋拯发表的论文《遗失物制度研究》，屈茂辉发表的论文《中国遗失物制度的历史经验与现实构造》，蒋慧、黄明艳发表的文章《我国遗失物拾得制度存在的不足及完善》等；有以物权法“立法论”与“解释论”为主题的，代表著述有孙毅发表的论文《道德理想与世俗规范的交融——关于遗失物拾得立法的几点思考》，袁波文、丘毅所著《〈物权法〉关于拾得遗失物制度的亮点与不足》。而“微观论者”往往就如下所列命题单独进行论述，这些题目包括但不限于：遗失物概念的界定以及遗失物与遗忘物等特殊动产的关系、遗失物的善意取得问题（亦即《物权法》第107条的解释问题）、遗失物回复请求权问题、遗失物拾得报酬请求权问题、遗失物悬赏广告问题。除民法学者外，由于遗失物问题涉及刑法中盗窃罪、侵占罪的犯罪构成问题，刑法学者对此亦多有论述，如董玉庭所著《拾得遗失物与盗窃罪界限研究》、宋豫所著《论侵占罪与遗失物拾得制度之关联》、彭永和所著《论侵占他人遗失物与遗忘物的犯罪》等。

除上述宏观论与微观论两种维度外，民法学界较为成熟的，也为广大物权法专论和专著中所广泛采纳的视角是围绕遗失物拾得行为而展开论述的“行为论”视角，其代表有郑玉波先生于《法令月刊》第31卷第12期发表的大作《论遗失物之拾得》与高飞在2002年《私法》第2卷发表的论文《遗失物拾得制度研究》。由于一般认为遗失物拾得行为系事实行为之一种，故上该“行为论”之研究方法一般以“拾得行为的构成”与“拾得行为的效果”为主要线索，“拾得行为的构成”一般囊括了对拾得行为的主体（遗失人与拾得人）、客体（遗失物）与行为本身（发现与占有）的论述内容；后者往往在区分拾得人行为适法与不适法的前提下分别论述其各自的法律效果，这种法律效果的论述亦可视为拾得人的权利论与义务论。围绕遗失物拾得行为而展开论述的行文方式有一定的合理性，但是可能在一定程度上没有显现遗失物拾得制度在物权法中的体系位置，没有突出遗失物拾得作为所有权变动方式之一的逻辑脉络，亦没有展现出遗失物拾得制度与其他物权取得方式的关系。此外，无人认领的遗失物归属问题，所涉论题已经不单单是行为法之范

畴，可能更关涉民法对于资源再分配的立法政策问题，需要论证遗失物归属变动以及遗失物归属判定的“双重正当性”问题，这些问题在遗失物拾得行为角度可能仅仅以“法律有所规定”就粗略地解释过去了。

基于行为论的上述问题，本文拟从遗失物归属角度展开论述，以“遗失物归属基础论”、“遗失物归属变动论”以及“特殊遗失物归属专论”三论之构架行文。其中，“遗失物归属基础论”在对遗失物及相关概念进行界定与厘清的基础上，从历史的维度对大陆法系与普通法系遗失物归属制度之流变进行了梳理，概括出遗失物归属问题上“变动主义”与“维持主义”两种不同的立法取向，并对这两种不同的立法取向进行了比较；“遗失物归属变动论”则主要讨论遗失物归属变动的方式、程序以及结果判定等问题；而“特殊遗失物归属专论”则就社会生活中一些特殊的遗失物归属问题作了重点阐述。最后的结论部分梳理了全文的脉络，对主要的命题进行了回顾与总结。

四、本文方法论

随着我国《中华人民共和国物权法》（以下简称《物权法》）的颁布，有关遗失物的民法制度也随之搭构起来，在《物权法》第九章“所有权取得的特别规定”一章中，第 109 条到第 113 条系对遗失物相关制度的专条规定，不妨称其为“狭义的遗失物法律规范”；此外，第 107 条规定了传统民法中的“占有脱离物”无权处分的效力问题，第 114 条规定了漂流物、埋藏物、隐藏物的参照适用有关遗失物制度的问题，这些条文与狭义的遗失物法律规范一同构成了“广义上的遗失物法律规范”；而《中华人民共和国刑法》（以下简称《刑法》）中有关侵占罪的规定，地方法律、行政法规与部门规章有关遗失物的相关规定与规则又与广义上的遗失物法律规范共同构成“最广义上的遗失物法律规范”。这使得文义解释与体系解释显得特别重要。文义解释是法律适用的前提，面对法律条文，需要确定法律的意义，必须了解其所用词句的意义，法律解释必须先从文义解释入手，所作解释不能超过可能的文义，否则即超越法律解释之范围，故而解释法律，应首先尊重法条文义，始能维护法律的尊严及其安定性价值[1]。如司法实践

[1] 梁慧星：《民法解释学》，中国政法大学出版社 2003 年 10 月版，第 214 页。

中，针对《物权法》第113条“遗失物自发布招领公告之日起6个月内无人认领的，归国家所有”的规定，有人认为若遗失物系与权利人（失主）的身份和生活密切相关的物品，如身份证、工作证、驾驶本、户口本、护照、相片等，则要灵活处理，即便超过了6个月的招领期限仍应将遗失物归还失主❶。此种观点虽不无道理，但是完全超越了立法之文义所能包含的意义群落，与《中华人民共和国立法法》（以下简称《立法法》）原则及宪政原则相左，《物权法》这种不区分遗失物种类与交换价值的“一刀切”的处理模式，即使不合理，也需遵循，毕竟立法机关与司法机关的权限分立就是为了防止司法僭越。为了维护法律的尊严与安定性，宜借立法修订或遗失物特别法律制定的契机予以解决。

由于本文对遗失物的阐述采用了“归属论”的维度，那么作为研究动产物权变动的一种特殊方式，对遗失物归属有关的法律规范与整个物权变动制度结合起来做体系解释与研究就显得非常必要。体系解释是指以法律条文在法律体系中的地位或相关法条的法意，阐明法律条文含义的解释方法。借助体系解释，方能为法律适用活动寻找可供适用的裁判依据，帮助法律解释活动确定法律文本的含义，如是方能消除各个法律条文之间的矛盾和冲突，维持法律规定之间的和谐统一及维护法律概念内涵之统一。诚如罗马法谚所云：没有考察法律的全部内容，而只引用该法律细微部分就进行评价和解答，这种做法在法律上看是不正确的（Incivile est，nisi tota lege perspecta，una aliqua particular ejus proposita，judicare vel respondere）❷。具体于遗失物归属问题上，遗失物本非无主物，虽然其脱离原占有人占有，但并不因此即时发生权属变更，采纳遗失物归属变动立法主义的立法例，在构筑与选择遗失物归属变动方式时，要考虑整个物权变动体系，研究遗失物归属变动制度与先占、取得时效等相关制度的关系。

除了文义解释与体系解释这些传统的法律解释方法外，本文亦拟采用法律经济学、法律社会学等方法。法律经济学不仅使民法规制量化成为可能，亦为民法学提供了新的理解与阐发的视角。在动产善意取得的适用范围问题即占有脱离物

❶ 黄松有：《〈中华人民共和国物权法〉条文理解与适用》，人民法院出版社2007年3月版，第343页。

❷ Savigny，System des heutigen Römischen Rechts，Bd. 1，Berlin，1840. 213，转引自：王利明：《法律解释学导论：以民法为视角》，法律出版社2009年11月版，第241页。

是否适用善意取得制度问题上，民法在交易安全与所有权维护上的价值判断显得颇为不定，而借助法律经济学中有关交易成本的分摊与平衡理论，似乎可以更好地来审视这个民法学中传统的困境问题；又如在设计遗失物归属变动程序亦即为拾得人设置报告、保管、公告等义务时，也要考虑个人与社会的成本负担问题，而法律社会学对社会控制与法律运作过程的关注，更能帮助本文思考遗失物归属制度的构架与社会道德的关系；因为法律社会学对功能与目的[1]之关切，在讨论遗失物归属问题中，有助于我们更好地思考拾得人报酬请求权的设置问题与激励机制的关系。

最后，本文拟采用比较法学及历史的方法展开对有关问题的阐述，遗失物归属命题是大陆法系物权法与英美法系财产法中较为经典的古老命题，自不能缺少比较法学的研究以及对相关制度历史沿革的梳理与厘清。

---

[1] ［美］庞德：《法理学》，邓正来译，中国政法大学出版社 2004 年 4 月版，第 296 页。

第一章　遗失物归属基础论

第一节　遗失物的界定

一、遗失物概念界定之价值

法律概念是对各种法律事实进行概括，抽象出它们的共同特征而形成的权威性范畴的过程，借助法律概念，我们得以对法律事实进行定性——不仅确定其自然性质和社会性质，更确定其法律性质，从而为人们认识和评价法律事实提供了必要的结构❶。具体到整个遗失物的私法制度，遗失物是一个凝固了特定法律内涵，界定了其与其他动产边界的，借以描述特定动产的状态之基石性概念。正是由于客观存在着遗失物脱离原权利人控制的社会现象，才使遗失物拾得成为可能，继而引起了拾得后的权利与义务。毫不夸张地说，遗失物概念是整个遗失物私法制度的逻辑起点和现实基础。唯更具意义之处在于，对于大陆法系的民法解释来说，体系解释恒常是法律解释的任务之一，因为体系化可将在任何时点已经获得之知识的全部，以整体的方式把它表现出来，且彻底地将该整体中之各个部分用逻辑关系联系起来❷，使法律规范真正“活”起来，同时也维系着法律的安定性。遗失物归属变动作为所有权取得制度的一个“类型化的法律构造”❸，为得到体系化的解释，必须要与先占制度、取得时效制度等相区别，而其中遗失物概念的厘清是前提。最后需要指出，除却民法制度，遗失物是刑法制度中侵占罪、盗窃罪的犯罪构成中的犯罪客体，依据“罪刑法定”之原则，遗失物概念

---

❶ 张文显：《法哲学范畴研究》，中国政法大学出版社 2005 年 12 月版，第 58 页。

❷ 黄茂荣：《法学方法与现代民法》，中国政法大学出版社 2001 年版，第 469 页。

❸ ［德］拉伦茨：《法学方法论》，陈爱娥译，商务印书馆 2003 年版，第 342 页。

的界定直接关系到二罪的犯罪构成，其意义不言而喻。

二、遗失物内涵之析

（一）遗失物定义的方式

有关遗失物之定义，学者由于侧重角度不同而采纳不同方式试图对遗失物进行界定。

方式一：强调动产不为任何人占有的状态以及仍有所归属的法律地位。

胡长清先生认为，遗失物是指“属于某人所有而不属于任何人占有之动产”❶。

史尚宽先生谓遗失物为“不属于任何人占有，而未成为无主之物”❷。

方式二：强调遗失人丧失遗失物占有的主观心态状态。

谢在全先生指出：“遗失物者，系指非基于占有人之意思而丧失占有，现又无人占有且非为无主之动产。”❸

日本民法巨匠我妻荣先生认为：“所谓遗失物，指不依占有人的意思而与持有分离的物，且非为盗窃物。”

方式三：同时强调遗失人丧失遗失物占有的主观心态与无他人侵夺的原因的存在。

如日本学者横田秀雄、末弘严太郎所称“占有者无抛弃占有之意思，又非因他们之侵夺，不过偶然丧失占有者，则为遗失物”❹。

上该三种遗失物之定义方式中，“方式三”由于对概念的描述性特征最多，适用范围最窄，且有关遗失物非因他人侵夺之描述稍显不妥。因为生活上有他人意图不法侵夺原所有人动产，原所有权人因力怯而逃，侵夺人亦因闻警或慌乱而未能取得动产之占有的情况发生，此时虽有他人侵夺的情况发生，但仍不妨碍将无人占有之动产归为遗失物。“方式一”以描述动产状态为己任，美中不足之处为难以表达出遗失物作为占有脱离物之特征，未能将其与占有委托物区别开来，

❶ 胡长清：《民法物权》，商务印书馆1935年11月版，第35页。

❷ 史尚宽：《物权法论》，中国政法大学出版社2000年1月版，第128页。

❸ 谢在全：《民法物权论》（上册），三民书局2005年修订三版，第478页。

❹ 曹杰：《中国民法物权论》，中国方正出版社2004年9月版，第66页。

不利于有关遗失物归属问题的展开。由上所述，“方式二”较为适中，更具合理性。

虽然民法学者从各自的立场对遗失物予以规定性描述，但实际上从各国立法例来看，很少有国家的民法典对遗失物进行定义性限定，而是直接规定拾得人拾得遗失物后所引起的权利与义务。但亦有学者借“民法典草案”试图对遗失物进行定义，如徐国栋教授主编《绿色民法典草案》第226条规定“遗失物是非出于原所有人的意思丧失占有的物[1]”；王利明教授主持的“民法典学者建议稿”第734条规定“遗失物为无人占有的有主动产[2]”，但《物权法》第九章“所有权取得的特别规定”并未对各类特殊动产（遗失物、漂流物、埋藏物、隐藏物）进行界定。我国以及大多数成文法国家均没有对遗失物进行定义性描述，原因可能在于遗失物概念本身的属性。遗失物的概念并不类似法律行为概念一样属于“编纂性概念”，亦非善意、诚信这类负担价值内涵的“当为概念”，而是一种描述性概念，而且这类描述并不脱离生活语言，如《现代汉语词典》上对“遗失”的诠释为“由于疏忽而失掉（东西）[3]”，其表述即使直接用于法律人的理论与实践活动，也并非不可。故而对于遗失物的定义可不必求周全规定于法律规范之中，其详尽内涵只要能借助一般的文义解释与体系解释，可识别、可界说即可。

（二）遗失物之特征

遗失物之形成始于占有“脱离”的事实，此事实虽未单独造成权利人的物权变动，但是对于该物而言，其已处于一种特殊之状态，在此状态中遗失物有其特殊的法律特征：

1. 遗失物是特殊之动产。首先，不动产不为遗失物，理由大抵有三：第一，因不动产之物理属性，一般不存在所谓不动产“遗失”之状态，但有闲置或无人使用之可能；第二，因不动产在现代社会中具有重大价值以及不可替代之稀缺性，即使一块土地及其上建筑物长久无人实际使用，特为公共利益之考量，立法一般会采取措施，重新分配该不动产供其他社会成员使用，如我国《中华人民共

---

[1] 徐国栋：《绿色民法典草案》，社会科学文献出版社2004年5月第1版，第331页。

[2] 王利明：《中国民法典学者建议稿及立法理由·物权编》，法律出版社2005年5月版。

[3] 中国社会科学院语言研究所：《现代汉语词典》，商务印书馆2005年第5版，第1607页。

和国土地管理法》第37条规定："禁止任何单位和个人闲置、荒芜耕地。已经办理审批手续的非农业建设占用耕地，1年内不用而又可以耕种并收获的，应当由原耕种该幅耕地的集体或者个人恢复耕种，也可以由用地单位组织耕种；1年以上未动工建设的，应当按照省、自治区、直辖市的规定缴纳闲置费；连续2年未使用的，经原批准机关批准，由县级以上人民政府无偿收回用地单位的土地使用权；该幅土地原为农民集体所有的，应当交由原农村集体经济组织恢复耕种。"第三，基于不动产的属性与特殊价值，各国一般借助不动产登记的相关法律规范对其确认及保护而排除了不动产适用遗失物法的余地。其次，遗失物不包括权利。以知识产权为例，某项著作权与专利权长期无人主张且未有继受之人主张，不宜称为遗失，而且上述问题已有知识产权法的相关制度予以解决，如合理使用原则以及权利保护期等制度。

关于动物是否有为遗失物之可能，应视动物之种类分而论之：第一，对于野生动物而言，若其属国家保护之列，不能成为私权之客体，不宜适用私法上的遗失物相关法律规范；至若不属于国家保护的野生动物，要考虑不同的习惯与习俗，如我国敖鲁古雅鄂温克族仍有靠狩猎为生之习俗，法律除考虑公共利益外，亦需考虑少数民族之生活方式并保护民族生活的多样性，承认适用"先占"之原始取得，此种原始取得标的之野生动物有构成遗失物之可能，但其处理与归属亦宜遵从少数民族生活习惯。而动物园内的野兽以及狩猎场供娱乐之野兽归属于具体之法人，若其走失则有为遗失物之可能。第二，对于生产生活用之家畜，得否为遗失物学界曾有不同说法，有肯定说认为走失之家畜既然已经脱离原权利人之控制，不妨承认家畜的发现人处于遗失人之法律地位，而使其适用遗失物之规定；否定说认为走失之家畜，乃占用者置于监督场所以外而离去之物，应属管领力仅一时不能实行，所以不构成占有之消灭，因而不得认为走失之家畜为遗失物；折中说认为走失之家畜如所有人放弃追索则得成为遗失物。一般以肯定者为通说[1]。鉴于家用或农用牲畜之特别属性，应鼓励适用遗失物制度，以尽力保管走失之牲畜，而且，借用公告制度便于失主寻回走失之家畜。第三，与人类生活密切相关之宠物，以德国法"动物不是物"为体现，有"升格"之趋势。走失

---

[1] 谢在全：《民法物权论》（上册），三民书局2005年修订第3版，第480页。

之宠物当属遗失物，但应特别对待，更加努力找寻原主，订立特别法对动物的招领以及保管进行规定，即便宠物被人不法遗弃，理应与遗失之宠物一起受到良好之养护，并得等候领养申请人前来领养。故而笔者认为宠物不宜适用遗失物相关法律规范，走失之宠物的归属问题应受特别法规制，但在社会观念改变与相关制度建立之前，不妨借鉴英美国家之做法：如在美国，宠物被认为处于民事主体与一般动产之间的特殊法律地位，若宠物之“拾得人”尽到了合理之努力来找寻失主，并且在合理期间内一直照料宠物，则拾得人得有权继续占有该宠物[1]。第四，对于动物里面的蜂群有“逸失”之可能，如蜂群离开原权利人之蜂巢或者复归于野生，或者迁入其他蜂巢。此种蜂群的逸失不宜适用遗失物相关制度，即不宜认为构成所谓蜂群的“遗失”，而应按照如下方式处理：在蜂群迁出后，所有权人若没有毫不迟疑地追寻蜂群时，或者在所有权人放弃追寻时，蜂群成为无主物，自此适用先占制度，正如盖尤斯在《论日常或珍贵的事物》所论述的“离开我们蜂房的蜂群，当其仍处于我们的视线范围之内，且追赶它们并不困难时，它们就被认为仍归我们所有，否则，就归最先占有它们的人所有[2]”；若蜂群迁入他人的已有蜂群栖居之蜂巢，则发生混合，适用物权法混同规则[3]。

2. 遗失物是原权利人丧失占有的结果。有一种模糊的观点认为“遗失物是指不基于物主的意思而偶然失去但又未完全失去控制的动产”[4]，其实原权利人对动产丧失先前之占有是遗失物之所以称为“遗失物”的主要因素，此种意义上的占有脱离与丧失即意味着控制的失去，不存在所谓“不完全失去控制”，仅可谓在抽象权属即所有权层面并未即刻丧失。这种占有的丧失可以是直接占有的丧失，比如物主将其所有的某动产遗失；也可以是间接占有的丧失，比如出借人所借的动产被借用人遗失，出借人基于所有权的地位丧失间接占有，而借用人基于借用合同丧失对动产的直接占有。不论是直接占有抑或是间接占有，占有的丧失均意味着对特定动产控制、管领之力的丧失。

---

[1] Morgan v. Kroupa，702 A. 2d 630，633（Vt. 1997）.

[2] 贾婉婷译：《学说汇纂．第 41 卷，所有权、占有与时效取得》，中国政法大学出版社 2010 年 12 月版，第 7 页。

[3] 参见：《德国民法典》第 961 条，第 964 条。

[4] 鲍海涛：《遗忘物、遗失物、遗弃物的异同》，载《法学杂志》1994 年第 2 期，第 46 页。

3. 遗失物在“遗失”与“拾得”时仍属有明确归属之物。遗失物虽为占有脱离物，但却有明晰之归属。其实不论对无人认领的遗失物做何种判定，各国民法皆规定遗失物在公告期满之前有其确定归属。据此特征，遗失物区别于“无主物”，遗失物之归属也因此不适用先占制度。所谓“无主物”又称“无主财产”，是指原本就不存在所有权的物或所有权已终止的物，包括无主之不动产与无主之动产❶。无主动产，指不属于任何人所有的动产，包括抛弃物以及可以猎取或者捕捞的动物❷。对于无主之不动产，一般归属国家所有；对于无主之动产，适用先占制度。如前所述，遗失物虽脱离占有但是仍有归属，遗失物既非自始不归任何人所有，亦非权利人抛弃，故不适用先占制度。

4. 遗失物脱离原占有人占有后，须其占有不同时移转于第三人。故被侵夺之物，因侵夺人同时取得占有，不构成遗失物。但是如果偷盗人在逃走之际抛掷所偷盗之动产，此时该动产对原占有人仍不妨构成遗失物，但是对于偷盗之人不构成遗失物。误占有之物，例如以他人之衣帽为自己之物，拿走后发觉，而不知其为谁之物，虽然日本遗失物法规定其与遗失物做同一处置，但性质上并非遗失物❸。

三、遗失物与遗忘物之区别

（一）遗忘物之界定

遗忘物，又称误置物（Mislaid Property），一般指被置于一定场所，而后原权利人离开该场所，而一时不能实行其管领之力的特定动产❹。遗忘物往往与特定场所相关，故而在普通法中被称为误置物，当所有人有意把财物放在某一特定处所并意图保留所有权却没有收回或者忘记放在何处时，该物被认为是遗忘物。例如，某顾客在买东西时暂时把钱包放在商店的柜台上，离开商店时没有带走钱

❶ 高富平：《物权法原论》（下册），中国法制出版社2001年版，第806页。

❷ 参见：《意大利民法典》第923条。

❸ 史尚宽：《物权法论》，中国政法大学出版社2000年1月版，第128～129页。

❹ 曹杰：《中国民法物权论》，中国方正出版社2004年9月版，第66页。

包，该钱包就是遗忘物[1]。遗忘物被认为是有意放置在某特定地方然后不小心落在该处之物，比如在一家餐馆的桌子上遗落一本书或者一部电话，我们几乎可以肯定这不是所有人的有意抛弃。遗忘人很可能会想起他遗落的位置，继而沿着自己的行踪寻找，直到恢复占有。为了增加所有人恢复其占有的机会，法律倾向于将遗忘物之控制赋予特定场所之所有人或管理人，而不是找到遗忘物的顾客、雇员或类似之发现人[2]。遗忘物之存在往往亦为一种依据所遗落场所而进行的推想——推想遗忘人仅为一时想不起遗忘物之所在，随后其会径行寻回。

（二）区分遗忘物与遗失物之意义

1. 概念上更好地识别与理解遗失物

在民法中，遗忘物往往作为论证遗失物的参照概念，以便更好地界定遗失物，识别遗失物之特征。诚如学者所云，“遗失物是指不为任何人所占有，并且所有权人不知去向的物品。如果所有权人知道其所在，那么就不是遗失物，而是遗忘物”[3]。

2. 扩张适用遗失物法相关制度

遗忘物之界定，本意在于区别遗失物，更有区别适用法律制度之意义，亦即区分遗忘物与遗失物的本意在于遗忘物不宜适用遗失物的法定报酬请求权与归属变动程序等制度，如有学者认为特定动产遗落于私宅或车舟之内，由于该场所有其管理或所有之人，故遗忘物于发现时并不能称其“无人占有”，此时遗忘物发现人为物之持有，而特定场所之管领人无论是否有人发现，皆推定遗忘人为自始对遗忘物施行占有。如此处理，盖因推想遗忘人将径行前往寻取其在场所内遗忘之物，或得以通讯手段申报。私宅中之遗忘物，房主替遗忘人代为保管之行为仅构成单纯之无因管理[4]。但是，这种区别适用的想法稍显脱离生活，遗忘物常常处于有管领人之特定场所，遗忘人更容易在场所内寻回遗忘物仅为一种推定，在

---

[1] ［美］斯普兰克林：《美国财产法精解》，钟书峰译，北京大学出版社 2009 年 1 月版，第 35 页。

[2] Joseph William Singer，*Introduction to Property*，Aspen Law & Business，2003，p. 749.

[3] 李翀：Zivilrecht，2007 年自刊版，第 243 页。

[4] Planck，zu §765，446.，转引自史尚宽：《民刑法论丛》，荣泰印书馆 1974 年 2 月版，第 470 页。

此推定基础上，方有特定场所拾得人须将其发现之动产交与场所管理人而由后者为保管与公告的合理性。但实际生活中未必所有特定场所均设有失物招领处，发现人也未必及时得以将所发现之物交与场所管理人；再有遗忘之构成往往单纯只是一种假定，不知己物所在时，人们往往会回溯性地采用排除法寻回占有脱离之物，至于其能否真的想起遗落之场所，这些不是拾得人仅依据发现遗忘物之场所与情境就可得知的。所以拾得人报告并送交场所管理人自无不可，但亦应允许拾得人按照遗失物处理之，将拾得物报告、送交于公安机关或自治机构。受报告与送交之场所管理人可以自行保管遗忘物且为一定之报告，亦可再行报告送交遗忘物于公安机关或自治机构。正是基于这种程序上的衔接考虑，《日本遗失物法》上，有管守者之舟车建筑物中遗忘之物，与遗失物受同一待遇。笔者认为遗忘物与遗失物在制度适用上不宜僵化，不仅应从本属推定与假想之概念出发，还应从生活本身出发，适度扩大遗失物归属制度的适用范围，应以是否报告或送交公安机关或自治机关为分界。如果已经送交报告与自治机关，应一律适用遗失物归属制度相关规则，如遗失人取回遗失物前应支付报酬与费用，如公告期满仍无人认领，应发生遗失物归属之变动；若未为报告与送交公安与自治机构，应不适用遗失物之规则，按遗忘物处理，如在特定场所管理人为公告期间，遗忘人寻回其遗忘物时仅按照无因管理向场所管理人支付必要费用即可。

3. 区别遗忘物与遗失物对犯罪构成的影响

遗忘物，通常是指财物的所有人或持有人有意识地将自己持有的财物放置在某处，因一时疏忽忘记拿走，而暂时失去控制的财物。对于遗失物与遗忘物的关系，刑法学者有两种说法，第一种观点认为遗忘物与遗失物是不同的概念，遗失物是指所有人与持有人因为疏忽，偶然将其持有的财物失落在某处，以致脱离了自己的控制。其与遗忘物不同，对于后者，物主一经回忆较容易找回，而前者则很难知道遗失在什么地方，也难以追问。我国《刑法》仅规定了侵占遗忘物的法律责任，而未规定侵占遗失物。侵占遗失物的问题，只能适用《中华人民共和国民法通则》（以下简称《民法通则》）的相关规定来追究民事责任[1]。另一种观点认为：遗忘物和遗失物没有区别，应该从广义上理解遗忘物，即其包括遗失

[1] 高铭暄：《刑法专论》，高等教育出版社 2006 年 4 月版，第 751 页。

物[1]，在刑法上完全可以这样认为，凡非本人抛弃所有之意而离其持有之物皆可纳入侵占罪的范畴，即将此类财物视同有主而无人占有之遗失物。所以可以“合理解释”遗忘物的概念，一方面把遗忘物和遗失物等同起来；另一方面，对遗失物一词作扩大解释，以便于对一些疑难案件的处理。此外，该观点认为对遗忘物作扩大解释，还可以对没有实施加害行为的第三者在他人死后，拿走其身前所携带财物的行为性质进行判断。将死者的财物认定为非他人本意而偶然丧失占有的遗忘物，就可以将取得财物者的行为认定为侵占遗忘物。倘不如此解释遗忘物，就只能认定其无罪，可能导致结局上的不合理[2]。对遗忘物与遗失物并不存在区别的观点还有另外一种解释：遗失强调的是客观状态，即物主丧失了对财物的控制；遗忘强调主观状态，即物主之所以丧失对财物的控制，是主观上遗忘的结果[3]。由此可见，遗忘物与遗失物乃一物二名。该观点提出很有见地的见解：从我国学者对遗忘物与遗失物的区别理由来看，主要是根据物主对丧失财物的主观心理状态以及遗置时间长短来确定的，即物主能够准确地回忆起财物遗置的时间、地点的，就是遗忘物，反之就是遗失物；物主遗失财物的时间较短的，就是遗忘物，反之就是遗失物。其实，遗忘物与遗失物的共同特征在于都是财物所有人非出于本意而丧失了控制的财物，至于丧失控制时间的长短，物主是否能回忆起财物遗置的时间、地点，都不足以将两者加以区分[4]。

对于上述两种观点，在笔者看来，应严守“罪刑法定”之原则，罪刑法定原则的基本含义是法无明文规定不为罪、法无明文规定不处罚。由于这一原则符合现代社会民主与法治的发展趋势，至今已成为世界各国刑法中最普遍、最重要的一项原则[5]。罪刑法定原则要求对扩大解释进行严格之限制。既然我国《刑法》分则的相关规定采纳了“遗忘物”的用语，而没有选择“遗失物”的概念，只要在立法未经法定程序改变之前，就应该坚持“忘”与“失”的区别，不宜解释为遗忘物与遗失物没有区别，或者采广义解释，认为遗忘物包括遗失物。讨论《刑法》中的遗忘物与遗失物的关系，并没有越俎代庖的意思，只是考虑到

---

[1] 高铭暄，马克昌：《刑法学》，北京大学出版社2000年8月版，第521页。
[2] 周光权：《刑法各论讲义》，清华大学出版社2003年8月版，第137页。
[3] 陈兴良：《规范刑法学》，中国政法大学出版社2003年8月版，第529页。
[4] 陈兴良：《规范刑法学》，中国政法大学出版社2003年8月版，第529页。
[5] 陈兴良：《规范刑法学》，中国政法大学出版社2003年8月版，第41页。

法律体系的完备和统一并不限于部门法体系，严格地说，刑法和民法甚至行政法在一些交叉概念上应尽力保持解释上的一致性。这并不是抹杀各自的区别，而是在立法技术上把需要用特别政策与价值考量的事实用具有独特内涵的特殊概念单独表述的同时，亦应尽可能照顾到其他部门法相同或相近术语的一致性，以维护整个法律秩序的普遍性与权威性。

四、遗失物与埋藏物之区别

（一）埋藏物之含义

狭义之埋藏物是指基于所有人的意思隐藏于特定的掩体中的物。广义上则不论物藏于何处，只要是它藏于动产或不动产中，并不知其所有人的，都为埋藏物，如采纳广义埋藏物定义方式的《法国民法典》第716条即规定埋藏物系指被掩藏或被埋藏的，其发现纯属偶然，任何人均不能证明其享有所有权之物，而埋藏动产之处可以位于发现人自己的土地内亦可在他人土地内发现。

埋藏物主要有以下三个特征：其一，埋藏物为动产，虽因地质活动有可能存有建筑物埋藏于土地之中的事实，但不构成埋藏物。另罗马法上以高价为埋藏物之要件，但现代民法不以价值高低为判断，法国法院在判决中即认为“埋藏物特点不在于其价值的大小”[1]。唯应注意，英美法中的埋藏物（treasure trove）指称的是金币、银币或者是被所有人隐藏在隐秘之处的其他货币[2]。其二，埋藏物需埋藏于他物之中。所谓他物即包藏物，以不动产最为常见，土地或建筑物均可包藏埋藏物。虽亦可于动产中发现埋藏物，如古代衣钵中发现货币或古书等，但如若认动产为包藏物，可能与遗失物不易区别，如于偏僻之处捡拾到古书一册，其内藏有旧币若干，旧币认作埋藏物还是遗失物便成为问题。其三，埋藏物须所有权不明。埋藏物并非无主物而仅系物主不明而已。无主物与所有权归属明确之物均不属于埋藏物，前者如掩埋之抛弃物，后者如煤矿与文物等，自依法归属国家，不构成埋藏物，对于尸骨依人格权之保护不宜作为埋藏物。最后，埋藏物所有者不明之判定时间点应设定于发现或挖掘时，不依赖于其他公告期间，此为埋

---

[1] 罗结珍译：《法国民法典》，法律出版社2005年4月版，第566页。

[2] Morgan v. Wiser（1985）.

藏物区别遗失物之处，至若发现时即认定所有人不明的判断依据应按照具体情势，参考发现物之位置的偏僻程度、埋藏深度以及埋藏事实是否时间上久远等因素而判定之❶。

（二）埋藏物与遗失物之辨别

对于埋藏物与遗失物的辨别，学界有主观说与客观说两种不同观点。

主观说认为遗失物乃因遗失人之意思而丧失其占有，而埋藏物必为最后占有人的意思而埋藏。若本系遗失之物，一旦埋没地中而被发掘者仍不失为遗失物；如本来基于人之行为而埋藏，偶因天灾地变而暴露于地面者，仍不失为埋藏物❷。

客观说认为埋藏之原因非为遗失物与埋藏物区别之主要标准，应不问故意隐匿与否，其遗失物若长久埋没土中，被发掘时，仍为埋藏物之发掘；其埋藏物未久而偶然露出地面，被拾得时，仍为遗失物之拾得❸。依照客观主义，所谓埋藏，曾经有人埋藏与否皆非所问，唯在发现时系埋藏物即可。

一般认为客观说更有说服力，盖因为主观说以埋藏物应绝对系有人刻意埋藏，而无基于自然陷落于地中情形之适用，非但与事实不符，更难以证明，因为埋藏物者不甚分明，无从判断其为何人所刻意埋藏。但即便采客观说，埋藏物构成的判断也非“铁板一块”，需要考虑是否有长久期间之埋藏以及不易目睹之场所❹。而时间之长短、埋没场所是否不易目击之状态，亦难以断定，要依具体情形决断，所以，遗失物与埋藏物的判断要依照社会一般观点参酌决定。

（三）埋藏物之归属判定

对于埋藏物，大陆法系一般原则上规定参照遗失物制度确立其归属，但在他人动产或不动产内发现并占有埋藏物时，该动产或不动产所有人与发现人，各取得埋藏物之一半。所谓各取得埋藏物之一半是指所有人与发现人平分，其物无从分割时，则共有之。此项所有权之取得属于原始取得，该物上之负担，归于消灭。发现的埋藏物涉及学术、艺术、考古或历史资料时一般判定为国家所有。我

---

❶ 曹杰：《中国民法物权论》，中国方正出版社 2004 年 9 月版，第 70 页。
❷ 曹杰：《中国民法物权论》，中国方正出版社 2004 年 9 月版，第 72 页。
❸ 曹杰：《中国民法物权论》，中国方正出版社 2004 年 9 月版，第 72 页。
❹ 如德国民法典第 984 条规定：长期被隐藏以致不能查明所有人之物为埋藏物。

国2007年《物权法》颁布之前，埋藏物之归属判定适用《民法通则》第79条以及《最高人民法院关于贯彻执行〈民法通则〉若干问题的意见》第97条的规定、公民、法人对于挖掘、发现的埋藏物、隐藏物，如能证明自己之权属的，根据现行的法律、政策又可以归其所有的，应当予以保护；若所有人不明的，则归国家所有，接收单位应该对上缴的单位或个人给予表扬或物质奖励。2007年《物权法》第114条规定：发现埋藏物参照拾得遗失物的有关规定，文物保护法等法律另有规定的，依照其规定。这样，在埋藏物发现后的归属判定问题上与《民法通则》与《最高人民法院关于贯彻执行〈中华人民共和国民法通则〉若干问题的意见（试行）》（以下简称《民通意见》）的做法一致，即能证明权属则原主取回，无人认领者归国家所有。但是由于引入了遗失物法中的通知、保管、公告等程序，对保护埋藏物之价值和避免纠纷还是有更积极的作用。遗憾之处在于2007年《物权法》中依然看不到立法对于建筑用地使用权人、宅基地使用权人、土地承包经营权人对权属不明埋藏物利益的承认。

与大陆法系不同，英美普通法对发现的埋藏物之态度较为单一，对于非构成宝藏之埋藏物，由土地所有人而不是发现人取得发现之埋藏物，理由是将其视为不动产之一部分。例外之原则在于宝藏，对于金银货币等宝藏之埋藏物，英国法历史上采用英王所有主义，而美国法则认为，只要埋藏物之发现人没有在发现时侵入（trespass）他人之不动产，发现人比土地所有人享有更优先之权利。可见，普通法中对于珍宝一类的埋藏物（treasure trove）的归属判定，首先要进行侵权法上的构成与归责的判断，其次方是财产权归属的判定。

第二节　遗失物归属法律制度之流变

法律制度系指调整某一类社会关系或社会关系某一方面的法律规范的统称。法律制度不同于法律部门：一种法律制度可能包括几个法律部门，一个法律部门又可包括若干法律制度[1]。就遗失物归属问题而言，所谓遗失物归属法律制度主要是指规定经一定期间公告招领后仍无人认领的遗失物归属变动的法律规范的统

[1] 《法学词典》编辑委员会：《法学词典》（第3版），上海辞书出版社1989年版，第670页。

称，亦包括规定拾得遗失物者通知、报告、保管等义务以及赋予拾得人费用或报酬请求权的法律规范。所谓“流变”指特定法律制度从其渊源到近现代同等功能之法律制度的演变与沿革的过程。研讨遗失物归属法律制度即希望通过梳理自罗马法、日耳曼法至近现代国家法的相关法律制度，概括出大陆法系与英美法系就上该遗失物归属问题历史的、比较法上的特点，抽象出立法论的取向，为进一步展开论述做出铺垫。

一、大陆法系遗失物归属法律制度之流变

（一）罗马法中的遗失物归属制度

1. 遗失物归属之维持

在罗马法原始文献 D. 6，1，67《论解答》第 1 卷中有这样的片段：“向未适婚人的监护人购买了一栋房屋的人，雇一工匠修理房屋，工匠在房内发现了一笔钱，产生的问题是：这笔钱属于谁？回答是，如果发现的不是埋藏物而是一笔被遗失的或被所有人放错了地方的钱，那么它仍然属原所有人。[1]”可见，在罗马法中，拾得人不因拾得而获得遗失物的所有权，若遗失人不因时效而消灭其权利，无论何时，遗失人得向拾得人提起占有物收回之诉，起诉后拾得人必须交还原物[2]。

2. 拾得人的遗失物返回义务

拾得人拾得遗失物后具有返还义务是其不因拾得取得遗失物所有权的“一体两面”，二者均构成了罗马法中的遗失物归属的“维持主义”。而有学者认为，拾得人的返还义务体现了罗马法中人性标准较高的诸多特点，在深刻影响罗马法的斯多亚派哲学的理念中，大家都是神的儿女，人人都是兄弟姐妹，有着共同的本性，因而应互相友爱。这种兄弟姐妹之情要求爱所有的人，不问他是谁，只因为他是人。基于这种同类之爱，产生了一种四海之内皆兄弟的博大情怀，一种世界主义的情绪。以这样的思想为基础，罗马法规定了其市民诚实生活，毋害他

---

[1] ［意］桑德罗·斯契巴尼：《物与物权》，范怀俊译，中国政法大学出版社 1999 年 7 月版，第 60 页。

[2] 黄右昌：《民法诠解——物权编》（上册），商务印书馆 1936 年 6 月版，第 166 页。

人，分给各人属于他所应得的市民行为规范[1]。

3. 遗失物返回的无偿性

在罗马法中，拾得人负有返还遗失物之法定义务，不得请求原所有权人或称遗失人支付报酬，自然亦不享有针对该报酬的遗失物之上的留置权。乌尔比安在《论萨宾》第41卷中称：如果拾者要求失者付给一笔酬金，即付给一笔发现遗失物的酬金，结果会怎样呢？虽然其要求不正当，但他不被视为在盗窃[2]。可见拾得人的报酬请求权在罗马法中被视为不正当、不适法，但是拾得人得本于“无因管理”法则要求遗失人赔偿所支出的必要费用，其仅无所谓的拾得遗失物报酬请求权而已。

（二）日耳曼法中的遗失物归属制度

日耳曼法采取得所有权主义，规定：遗失物的拾得人，应当向有关机关呈报，该机关负责催告遗失人认领，将原物交还遗失人，并由遗失人向拾得人支付报酬；如果经过一定期限，遗失人不去认领，则拾得人可与国库、寺院按法律规定的比例享有遗失物[3]。

日耳曼法对于遗失物归属问题的处理绝非是一种商品经济社会中在“个人主义”与“自由主义”思想下以归属利益激励拾得人的做法，虽然客观效果上，拾得人得享有无人认领遗失物价值的一定份额，但这恰恰是日耳曼法“团体本位”的体现。众所周知，日耳曼族与罗马人相比，文明比较落后，且长期处于农业经济社会，依氏族与部落生存。日耳曼法也没有关于人的抽象概念，团体不仅是个人的总合，而且是享有人格的实在体，团体与团体成员的关系不是对立，而是相互依存，团体既是为了自身的目的又是为了成员的目的而存在，成员同样也是既为了自身的目的，也为了团体的目的而存在[4]。这种团体本位的精神，在财产法中的体现是日耳曼法上的不动产所有权属于团体所有，成员仅有使用与收益

---

[1] 郭惠：《大陆法系财产法中的日耳曼因素初论》，载徐国栋主编：《罗马法与现代民法》第4卷，中国人民大学出版社2004年版，第293页。

[2] D. 47，2，43，9.

[3] 梁慧星：《中国物权法草案建议稿：条文、说明、理由与立法例》，北京，社会科学文献出版社2000年版，第380页。

[4] 李秀清：《日耳曼法研究》，商务印书馆2005年版，第452页。

的权利；成员虽得享有个人所有动产的所有权，但是这种所有亦带有强烈的团体本位色彩，如为实现追及力而保护自己的动产，成员须采取公开喊叫并聚集邻人的方式，而购买了家畜等其他财产时也应告知其他邻人。就遗失物而言，成员动产的遗失不仅使自己失去了使用收益动产的可能，整个团体的财货亦面临贬损，无人认领遗失物时自应使其价值有所皈依，为此方设拾得人可与国库、寺院按法律规定的比例享有遗失物之规定，国库与寺院这类团体更得直接享有无人认领遗失物之部分价值，而团体中的成员于恢复团体财货之完整有所贡献，故亦得享有遗失物的部分价值。

（三）近现代大陆民法中的遗失物归属制度

随着欧洲的文艺复兴以及罗马法的复兴运动，欧洲大陆涌现了民法典编纂的潮流。为保护法国大革命的胜利果实，《法国民法典》首开立法性编纂民法典之先河，成为近现代大陆民法之典范。《法国民法典》在第三卷“取得财产的各种方式”中，对非法律行为致物权变动的方式仅规定了添附、混合、时效取得、埋藏物以及无主物归属规则等，并未对遗失物的归属进行规定，而其第717条规定“物主不明之遗失物由特别法律规定之”。据此，法国分别颁布特别法令规定了有关拾得“海上漂浮物”（épaves maritimes）与“内水漂浮物”（épaves fluviales）时的归属处理的法律规范。所谓“海上漂浮物”指来源于沉船或海上船只遇险时抛弃的商品。据1691年海事法令的规定，此种海上漂浮物视具体情况，或者全部归属国家，或者部分归属国家部分归属发现人。所谓“内水漂浮物”是指在可通航或可漂流的水道上发现的财物，据1664年法国颁布的科尔贝尔（Colbert）命令，此种无主财产的所有权应属国家[1]；另据1669年8月关于水与森林的敕令，这些漂浮物应在其被发现之日起1个月内出卖，如果当月内无人对此款项有所主张，所得价金归属国家。

法国民法中最具特色的是对市民社会较常见的陆上遗失物归属的规定，因其较为罕见地追随了罗马法在遗失物归属问题上的“维持主义”，即无人认领的遗失物归属不发生变化，拾得人不因占有遗失物而获得其归属。但是对此问题，曾

[1] 尹田：《法国物权法》，法律出版社2009年5月版，第239页。

有论述谓法国陆上拾得遗失物在无人认领时以归属于拾得人为原则❶。其实据法国民法的一般理论，陆上遗失物的拾得者明知该物不属于他自己，为恶意占有人，因此不适用先占，拾得人不能立即成为遗失物之所有人；若拾得人欲据为己有，还可能构成盗窃。在请求返回财产的问题上，如果拾得物仍在拾得人手中，所有人得在30年内请求返回；如果遗失物已被拾得者转让给他人，得在3年内请求受让人返还。可见法国民法中的陆上拾得遗失物归属采罗马法之“维持主义”原则，遗失物权属并不因他人拾得而发生归属变化，仅在适用30年取得时效时方能发生权属变化，但这已属另一物权变动原因。另外，一些颁布的行政规章在一定程度上进行了变通：拾得遗失物之人有义务将此种物品送交招领处，若经1年无人认领，失物招领处送还遗失物给拾得人，但是拾得人并不因此行政性归还行为而成为遗失物的新所有权人，而仅仅是该遗失物的占有人❷。

法国以外的大陆民法国家，却追随了日耳曼法的遗失物归属变动主义原则，即遗失物经法定程序与期限仍无人认领的，其权属发生变化，且因贯彻个人主义，多采拾得人取得无人认领遗失物的权属而排除公法人的优先获得。如《德国民法典》第973条规定在向有管辖权的机关通知拾得行为6个月后，拾得人取得拾得物的所有权，《瑞士民法典》第722条第1款规定已经履行拾得义务之人，在公告或报告后逾期5年仍不能确定所有人时，取得该物的所有权；地方政府或国家仅在拾得人放弃遗失物归属时，方得取得遗失物的所有权。

综上，大陆法系民法中对遗失物归属问题有罗马法的“维持主义”与日耳曼法的“变动主义”两种源流，近现代资本主义民族国家的法典编纂运动除法国民法外，均采纳了遗失物归属的“变动主义”原则，仅在拾得人的具体权利义务事项，如报酬金额、失物招领公告期限等方面有所不同。

二、英美法系遗失物归属法律制度之流变

在大陆法系语境中谈及“遗失物归属”问题时，往往就是指称遗失物的所有权归何者享有的问题，但对于英美法系而言，遗失物的归属问题不能简单地按

---

❶ 黄右昌：《民法诠解——物权编》（上册），商务印书馆1948年版，第166页。

❷ ［法］弗朗索瓦·泰雷，菲利普·森勒尔：《法国财产法》（上册），罗结珍译，中国法制出版社2008年5月版，第510页。

照大陆法系的理解来处理，这主要是因为英美普通法中的“物权”不是严格意义上的“物权”，而是更多地采用财产权利或产权的概念，对于产权归属研究的重心也并非对物之支配，而是归属主体间的法律关系。因此，要探究英美法系遗失物归属法律制度的沿革与演变，必须首先认识到普通法中财产权利特点，并在此基础上理解英美法中财产权利归属的含义。

（一）普通法中的财产权利归属的界定

1. 英美普通法中财产权利的特点

（1）英美财产法中财产权的相对性

英美法中，绝对的财产权利（产权）是相当少数的，在使用与产权有关的“所有权”一词时，其并不比“产权”或者包含更多的含义。产权的所有者比单纯的占有者的地位要高一些，即使在恢复占有的诉讼中，请求人所请求的几乎总是他对物的直接占有的权利，而这种权利与所有权几乎总是相对的[1]。普通法中，遗失财产之所有人仍保有其所有权，除非他有意抛弃。拾得人并不能获得实质性权利，但一般能获致得对抗除所有人以外的任何第三方权利，然而，当真正的所有人要求其返还原物时，拾得人必须将遗失物交还。普通法中，对动产所享有的财产权（title）是相对的而非绝对的，如在A与B两者间的诉讼中，法律的问题是何者享有一个更好的产权。在这样的诉讼中，现占有人不得以该动产属于诉讼纠纷以外的第三人所有为抗辩理由而拒绝在先之和平占有人返还动产占有之请求（基于不当侵占之诉由 wrongful retention of property），在先占有人之产权优于其后的占有人。在侵入他人私产而拾得遗失物时，私产所有人之产权优于侵入人，是确定无疑的。但此时拾得人是否享有优于后位占有人之产权，存有争议。普通法先前之判例认为拾得人享有优先权利的，但是现代的一些判例却否认了以不法手段获得占有之人的占有权利（possessory rights）[2]。

（2）英美财产法中财产权的复合性

英美财产法中的财产权并非一个单一的、抽象的所有权，更是“一组”复

---

[1] ［英］劳森，拉登：《财产法》，施天涛等译，中国大百科全书出版社1998年版，第115页。

[2] Joseph William Singer, *Introduction to Property*, Aspen Law & Business, 2003, p. 747–748.

杂的权利，它的确切性质会因不同的法律制度而有变化。广泛来说，这一种权利可以分为两类或两种性质，第一种与“所有权之根源”有关；另一种则为用益物权。这种用益物权，不是大陆民法中他物权的一种，而是强调权利人能以不同的方法就标的物行使法律上的权利或自由，可以使用、处分财产或禁止别人使用，甚至可以将标的物本身进行物理毁损。这种复合性不仅可以解释信托法中的受益人与受托人的二重财产权，也可以更好地理解英美法中的遗失物归属规则。英美普通法中有关遗失物拾得人获得的可以对抗除原权利人外其他任何第三人的基本规则正体现了产权的复合性。普通法上，原权利人的针对遗失物的产权并没有因为拾得人的发现而消失，恰恰相反，从“根源”的角度来看，他仍是一个真正的权利人（true owner），而拾得人从权利组的“用益权”方面，得排斥其他人的侵害与妨碍，拾得人得基于他的用益权对妨害其占有遗失物的行为提起返还原物或损坏赔偿的诉讼。

2. 英美法中财产权利归属的含义

由于英美普通法并没有大陆法系中物权与债权两相分离的理念与制度设计，有关归属的客体或称标的往往用财产权利或产权来指代。财产权利这一用语几乎囊括了一切可以转让或交易的权利，而英美法中的所有权（ownership）并不意味着主体对物的支配，而是一种划定特定主体对特定利益的归属的方案。当一个物的利益由两个或两个以上的人享有时，一个物的完整的利益就被分割成几个片段，一个物上也随即成立了多个所有权[1]，如信托法中受托人与受益人分别享有的信托财产的普通法上的所有权与衡平法上的所有权。因此，普通法中的财产权利归属或者所有权归属就是界定特定利益的享有者为谁，并不意味着归属者对财产完全排他与完全支配，那么解决财产权利的归属问题也就不是解决何者最终支配所有物的问题，而是解决不同利益的归属主体之间的关系问题。对普通法规则中遗失物归属问题的理解也必须建立在理解英美法财产权利的特征与明晰财产权利归属含义的基础之上。

（二）普通法中的遗失物概念之析

普通法中的遗失物（Lost property）系指因为偶然、疏忽、马虎，而脱离所

---

[1] 高富平、吴一鸣：《英美不动产法：兼与大陆法比较》，清华大学出版社 2007 年 2 月版，第 8 页。

有人占有且经由通常、谨慎地寻找仍不知其所在的财产❶。所谓遗失（Lost）专指财产脱离了所有人的占有与监管，经由谨慎地寻找仍不知其所在❷。

为更好地理解遗失物，还应区别其他适用拾得（Find）规则的动产，主要包括抛弃物、遗忘物以及宝藏。抛弃物（abandoned property），指所有人自愿地放弃、抛弃、弃权之财产❸。当所有人有意地、自愿地抛弃财产之上的一切权利和利益时，该物就是抛弃物❹。如某人把破损之物放在人行道上以便垃圾清运工运走，就是抛弃了该物，但是如果某人仅将该物放在人行道上过夜，打算早上再取回来，就没有抛弃该物❺。当然，这种主观意思有证明责任的问题，需要根据具体情况，借助客观条件来判定主观心态。动产被放弃之处所尤显重要，一般可以认为垃圾箱处放置之物可以判定为抛弃物而不为遗失物；但抛弃之物不以破损严重或丧失使用功能为必要，由于不同国家的不同经济状况以及消费习惯，有些完好的旧物亦有可能被抛弃。而若明显具有重大财货价值的物，如珠宝、金属通货等，即便被置于垃圾箱位置亦难称为抛弃物❻。遗忘物（Mislaid property），指所有人自愿将其财产交出且具有随后收回的意愿，但是此刻财产却找不到了❼。遗失物（lost property）与遗忘物（mislaid property）是有区别的。遗忘物是为了暂时的目的而自愿地将该财产置于特定之处，当所有人离去之时因为疏忽而遗忘了。举个典型的例子，储户在填写支票的时候把随身带的包裹放在银行大厅顾客用的桌子上，然后该储户忘记拿包裹就离开了。遗忘物的原所有人比遗失物的原所有权人更具有寻回该物的线索，因为只要当他意识到他走的时候没带东西，他很可能会知道去哪里索回其财产❽。宝藏（treasure trove）主要指埋藏在地下或者其他秘密地点，后被发现，但不知道也无法考证其原始所有人的金质或银质的

❶ Bryan A. Garner, *Black' s Law Dictionary*, *ninth edition*, Thomson Reuters, 2009, p. 1336.

❷ Bryan A. Garner, *Black' s Law Dictionary*, *ninth edition*, Thomson Reuters, 2009, p. 1031.

❸ Bryan A. Garner, *Black' s Law Dictionary*, *ninth edition*, Thomson Reuters , 2009, p. 1336.

❹ Ritz v. Selma United Methodist Church.

❺ ［美］斯普兰克林：《美国财产法精解》，钟书峰译，北京大学出版社2009年版，第34页。

❻ 在中国深圳机场发生的梁丽事件即为此例：http：//news. sina. com. cn/s/p/2009-05-11/040217785739. shtml.

❼ Bryan A. Garner：Black' s Law Dictionary, ninth edition, Thomson Reuters, 2009, p. 1337.

❽ Rollin M. Perkins & Ronald N. Boyce, *Criminal Law*, 3d ed. , 1982, pp. 310-311.

硬币、盘状、块状或其他宝藏。

从遗失物的概念界定看，普通法与大陆法系两相类似，不同之处在于普通法上的遗失物更强调经过合理寻找仍不知物之所在，以区别更具有寻回线索的遗忘物。在具体界定时亦面临着其与抛弃物、遗忘物以及宝藏（埋藏物）的区分问题，而作此区分努力恰是为了适用不同的归属判定规则。

（三）英美普通法遗失物归属的判定规则

如前所述，普通法中的财产权利归属或者所有权归属就是界定特定利益的享有者为谁，解决财产权利的归属问题不是解决何者完全支配所有物的问题，而是解决不同利益的归属主体之间的关系问题，故下文在界定拾得行为的基础之上，重点探讨普通法遗失物归属问题中的“拾得人与所有人之间”以及“拾得人与所有人以外的其他人之间”的关系问题上。

1. “拾得”之界定

普通法上有古谚谓：“拾得人占有，遗失人哭泣”❶，发现遗失物之人若想成为法律意义上的拾得人（Finder），须满足两个要件：①必须有作为拾得人控制动产之意图；②该意图必须存在实际控制行为实践之。对于“要件①”，若真正有价值之遗失物存在某个物件之内，如位于一个抽屉、保险柜或橱子之内，发现、购买箱柜之人在发现遗失物之前不构成拾得人。在 Keron v. Cashman（1896）一案中，法官认为几个捡到破旧长袜的孩子，在把长袜当做玩具玩耍时并不构成拾得人，长袜内的财物在被孩子发现并占有时才属于那些孩子们。关于“要件②”，在 Eads v. Brazelton（1861）一案中，官认为在沉船之上放置浮标以等异日再来打捞之行为并不构成“不可推翻的实际控制”❷。可见，普通法对于拾得行为进行了较为严苛的解释，强调拾得行为主观意识与客观控制行为的同时具备，从实际效果看，也限制了拾得人取得遗失物的产权(title)。

2. 拾得人与所有人之间

普通法之上，原则上不论原所有人偶然无意遗失抑或遗忘某物于某处，捡拾

---

❶ Jesse Dukeminier，James E. Krier，*Property*，Aspen Publishers，INC.，New York，USA，2002，p. 107.

❷ Barlow Burke，*Personal Property*，2ed.，West Publishing Co. 1993，p. 159.

人在所有人面前不会获得大于原主享有的权利，也即拾得人面对所有人时，他（她）负担返还原物之义务。面对遗失物所有权人时，拾得人若想取得完整的财产权，必须借助相反占有（Adverse possession）制度。在英美普通法中，某些情况下对于土地或动产的长期持续占有，可能使占有者获得可以对抗真正所有人的所有权，其中一个关键的条件是这种占有与真正的所有人是敌对的。例如，一个租赁者的占有，不管持续时间多长，也不会消灭出租人的所有权而使得租户获得所有权，要获得所有权权属的变更需要的相反占有期间是通过对一个人在丧失占有时必须提起诉讼以收回土地或者动产的期间进行限制的法律来确定的❶。这就是说，如果以得对抗真正权利人为标准看，普通法上的拾得人除非依据类似取得时效的相反占有制度，并不能取得遗失物的完全的所有权，以同一动产之上的产权优先序列看，真正的所有人（the true owner）的权利优于拾得人的权利。

真正所有人的权利优于拾得人的权利之政策依据简单明了，主要依据是英美的功利主义哲学传统。在功利主义哲学者那里有个人与整体两个维度。在个人难度下，自然把人类置于两个至上的主人——“苦”与“乐”的统治之下，有它们两个才能指出我们应该做些什么以及决定我们将怎么做。这种解释使得个人的行为可以在理性利益权衡下去促进快乐和避免不快，再通过对快乐进行量与质的界定有所谓更强的快乐、更持久的快乐、更纯粹的快乐。更纯粹的快乐更为重要，把功利主义从个人之维度向外扩展——引起快乐感觉的人员数目的扩大。整体领域包括立法活动。功利原理意味着对任何一项行为表示赞同或反对根据是它能增加或减少当事人的幸福的倾向，倘若涉及一项法律，那么社会各个成员的利益都必须予以考虑。如果能促进大多数人的最大幸福，那该行为就是正确的，法律就是公正的❷。在民法这里，作为快乐表征最具影响的就是财富与荣誉。对于整体，整个社会财富的增加被视为更纯粹的快乐。劳动与努力从根本上创造整个社会财富的源泉，因此受到法律的保障与嘉奖。对待遗失物的拾得人这里，原所有权人被推定为付出了有价值的劳动或者为有价值的劳动支付了对价，而拾得人的努力相对比是微不足道的，因此拾得人对遗失物并不能获得优先于真正权利人

---

❶ ［美］克里贝特：《财产法：案例与材料》，齐东祥，陈刚译，中国政法大学出版社 2003 年 9 月版，第 129 页。

❷ ［德］科殷：《法哲学》，林荣远译，华夏出版社 2002 年 12 月版，第 36 页。

的产权。此外，普通法进行了一项饶有意义的成本推论：如果赋予拾得人高于原权利人的新所有权，会使得所有人保护自己财产的成本增加，而由于真正的偷窃者可能会通过假冒与伪装来冒充拾得，所有人出于对痛苦的避免不得不把财物更谨慎地藏起来，这种恐惧对财物价值的发挥无所作为。因此，在普通法法官看来，赋予拾得人高于原主的所有权是荒诞的，是一种妄想。

3. 拾得人与所有人以外的其他人之间

在理解英美法中产权（title）的相对性特征的基础上，才能分析普通法中的遗失物归属制度。严格说，因为这种相对性的产权，谈及“归属”也并非完全适宜，因为这种归属不一定是终局的、绝对的，它更强调一种对财产占有、使用与收益以及对侵害行为可获救济的“正当性”问题，也即若拾得人获得了此种产权（title），他便获得了合法持有该物的正当性，借此实现了财产法的物尽其用，也维护了财产安定性秩序。

英美普通法中有关遗失物较早的先例存在于1722年Armory v. Delamirie一案。本案首席法官普拉特认为，从强化占有的效力角度，珠宝首饰的拾得人虽然没有因为拾得行为获得绝对的财产权和所有权，然而他对于这项财产享有得对抗正当权利人外所有人的权利并因此得继续保有该拾得物。从大陆法系民法的“一物一权”原则看，拾得人因拾得而获致的权利本质上是似是而非的，而在英美法学者看来，权利（title）也好，所有权（ownership）也罢，都具有相对权的性质，B得享有对抗C的权利（title）但同时该权利不能对抗A，因为在他们看来，财产关系与其说是权利人对财产（物）的关系，不若说是特定财产之上的人与人之间的关系。如是，则权利人（所有权人）有权排除他人的特定作为或者授权他人为特定行为，并且能够通过协助法律保障其自由意志的贯彻实现❶。

综上，英美普通法中的遗失物归属判定规则并非为了判定单一的、绝对的所有权人是谁，其价值与目的在于给拾得的遗失物之利益归属划定次序。最为优先者仍为遗失物的真正权利人，除非拾得人依据相反占有而获得优于原权利人的所有权，若真正权利人在现实生活中缺位，即无人认领遗失物，则拾得人获得一种能够排除真正权利人以外任何其他第三人的产权（title），这种法律地位受到尊

❶ Jesse Dukeminier, James E. Krier. *Property*. Aspen Publishers, INC., New York, USA: 2002, p109.

重与保护，其他任何人不得干涉与侵害。

（四）英美制定法中的遗失物归属制度

上述普通法的遗失物归属判定规则受到了制定法运动的挑战，因为从法律渊源来看，制定法是首要的法律渊源，成文法的位阶高于判例法，普通法上的司法先例与制定法出现冲突时，成文法优先适用❶。

美国近二十个州对遗失物的处置问题进行了立法规定。这些制定法往往要求拾得人（finder）向地方权力机关（local authorities）报告拾得遗失物之事项（有些还要求同时向地方权力机关上交遗失物），甚至在报告与上交之同时还要求给警察或治安官提交一份陈述何时何处拾得遗失物并且有关遗失物特征描述之书面声明或宣誓书（affidavit），如《美国加州民法典》§2080.1条规定当遗失物原所有权人不可得知或至今未为请求返还时，若拾得人对遗失物估价约超过100美元，应在一个合理的时间内送交遗失物至市镇警察机构或治安官部门，并且应对拾得遗失物之有关事项提交书面之声明❷。除上述规定外，美国州成文法要求拾得人或有关机构就拾得遗失物发布公告，拾得物的真正所有权人可以在规定的时间内取回遗失物；未在规定时间取回的，则拾得人取得遗失物之财产权（title）。至于时间起算之起点，根据财产之价值或从公告之日起算，或从发现人拾得遗失物时起算。对财产价值较大之遗失物，往往以公告之日起算，如《美国加州民法典》§2080.3（a）规定价值大于250美元之遗失物若在报告警察机关90日内仍无人认领的，警察机关或自治管机关应至少在普遍发行的报纸中公告一次，第一次公告7日后仍无人认领的，在拾得人支付公告费用后由拾得人取得遗失物之财产权；对财产价值较小之遗失物往往以拾得之日起算，如美国《纽约州法动产法》第257条规定对价值低于10美金之动产，在拾得人尽到合理之努力以帮助

---

❶ 兰磊：《英文判例阅读详解》，中国商务出版社2006年2月版，第54页。

❷ CA CIVIL 2080.1. Delivery to police or sheriff; affidavit; charges. (a) If the owner is unknown or has not claimed the property, the person saving or finding the property shall, if the property is of the value of one hundred dollars ($100) or more, within a reasonable time turn the property over to the police department of the city or city and county, if found therein, or to the sheriff's department of the county, if found outside of city limits, and shall make an affidavit, stating when and where he or she found or saved the property, particularly describing it.

所有人恢复遗失物占有时，若在尽力后仍无人认领的，遗失物之财产权应在拾得后 1 年内由拾得人取得。

综上，这些制定法最具特色之处在于它们没有跟随普通法的遗失物归属判定规则，而是通过鼓励拾得人将拾得物交给当地有关机构，保证尽可能地将拾得物返还给真正所有人❶，若真正所有人在公告或拾得后的一定法定期间内仍不认领，终局性地由拾得人取得遗失物的财产权，这实际上与采纳报酬请求权和遗失物归属变动主义下的“拾得人取得主义”之大陆法系民法两相契合。这种比较法上的法律现象不仅仅说明大陆法系与普通法系在成文法典编纂技术上的两相靠近与学习，更是生活经验和实践理性超越既有法律制度之逻辑理性的典型体现。

三、我国遗失物归属法律制度之流变

（一）我国古代的遗失物归属制度

1. 西周、汉代的“大者公之，小者庶民私之”的遗失物处理方式

关于我国古代遗失物归属制度最早的渊源，有学者认为应上溯到西周《易经》中的筮辞“迷逋复归”❷，这一观点认为，有关逃亡奴隶应归还原主的筮辞反映的就是拾得遗失物的制度❸。但更有力的观点是：“迷逋复归”仅系筮辞，并不具有任何法律意义，从严格意义上讲，称之为制度并不适宜，只是古人对遗失物制度的一种看法，体现了古人对遗失物问题复归之观念或理想❹。对我国古代遗失物归属问题最早的制度性描述可能出自《周礼·秋官·朝士》以下简称

❶ ［美］斯普兰克林：《美国财产法精解》，钟书峰译，北京大学出版社 2009 年 1 月版，第 42 页。

❷ 所谓“迷逋复归”，据学者解释为：“迷，指牛马羊的跑失，或遗失其他财物；逋，指臣、妾、童、仆等奴隶逃亡；复归，指归还原主”。参见武树臣：《中国传统法律文化》，北京大学出版社 1994 年版，第 222 页。

❸ 屈茂辉：“中国遗失物制度的历史经验与现实构造”，载《长沙电力学院学报》（社会科学版）1998 年第 4 期，第 42 页。

❹ 吴向红：《中国古代遗失物制度的法律运行与观念流变》，载《法学》2006 年第 1 期，第 54 页。

《周礼》中的相关记载[1]："凡得获货贿、人民、六畜者，委于朝，告于士，旬而举之，大者公之，小者庶民私之。"汉儒对此有注云："俘而取之曰获，委于朝十日，待来识之者。人民谓刑人、奴隶逃亡者"；汉经学家郑众亦注曰："若今时得遗物及放失六畜，持诣乡亭、县廷，大者公之，人、物没于公家也；小者私之，小物自畀也"。根据《周礼》的上述记载以及汉儒之注述可知，汉代对遗失物归属的规定与西周相似，遗失物拾得者应送交当地基层地方政府机构，经过10天公告，未有人领取的，较大的遗失物归公，较小的遗失物归拾得人所有[2]，此即所谓的西周、汉代的"大者公之，小者庶民私之"的遗失物处理方式。然而，亦有学者根据《周礼》成书的真伪以及制成年代的异议，认为《周礼》中的上述记载远非实体法，而只是一段拟制文本，"大者公之，小者庶民私之"系《周礼》真实作者的一种改革设想，并没有与之相应的制度存在于社会，作者构想的来源可能基于惯例或习俗，也可能仅系自己的灵机一动[3]，恐上述争议的最终澄清，有赖于相关考古学与考据学的新进展与新发现。

2. "道不拾遗"的制度性强制

汉代罢黜百家、独尊儒术的运动兴起，导致了对战国至秦以来盛极一时的"任刑的法治主义"的极大反动[4]。汉代独尊儒术的政治取向，导致汉代一些地方官员推定所谓"教化"，而教化的成效即包括"路不拾遗"或称"道不拾遗"。拾得人捡拾并占有遗失物的行为本身就受道德上的谴责，一些地方官吏还制定"条教"等地方性政策，虽然并不具有法律强制力，但比一般的道德规范的强制力更为显著。这一倾向虽未直接影响到法律制度上对于遗失物归属的规定，但却在执法的过程中得到认可[5]。

汉代这种道不拾遗的教化措施，虽未形成体系化的规定，但对后世影响深

---

[1] 梁凤荣，常海洋：《论中国传统遗失物制度的流变》，载《许昌学院学报》2007年第6期，第13页。

[2] 叶孝信：《中国民法史》，上海人民出版社1998年7月版，第124页。

[3] 吴向红："中国古代遗失物制度的法律运行与观念流变"，载《法学》2006年第1期，第54页。

[4] 杨鸿烈：《中国法律思想史》，中国政法大学出版社2003年6月版，第94页。

[5] 高飞："遗失物拾得制度研究"，载吴汉东主编：《私法研究》（第2卷），中国政法大学出版社2002年版，第311页。

远，如在唐律中出现了对道不拾遗“制度性强制”的现象。所谓“制度性强制”，是指唐代封建政权借助法律制度甚至刑罚手段对遗失物归属问题进行规制，以达到路不拾遗的统治效果。唐代遗失物（阑遗物）制度的主要内容有：首先，路人若遇路上遗物，并没有干预、捡拾遗失物的义务，而官府应尽遮蔽、保管、遗失物之责任。据《唐律疏议》附录中有关“阑遗物”的解释——“阑遗，阑，遮也，路有遗物，官遮止之，伺主至而给与，不则举没于官”，可见唐代官府具有遮蔽、保管遗失物的责任，直至失主认领，或遗失物无人认领收公后该义务方为终止。而对于路人来说，既然阑遗物受官家保护，拾之便显不妥，最好是路不拾遗，待失主自行寻至。其次，如果路人实际发现并占有了遗失物，即时负担了报官与送交的义务。《唐律·杂律》第448条规定：“诸得阑遗物，满5日不送官者，各以亡失罪论；赃重者，坐赃论。私物，坐赃论减二等。”凡拾到遗失物者具有法定的按时送交官府的义务，若违反会构成犯罪被处以刑罚，而刑罚的轻重，又因为遗失物的性质即私物与公物有不同之量刑。再次，对无人认领的遗失物施行了遗失物归属的“变动主义”，即一定期间内仍无人至官府认领的阑遗物，阑遗物归属因此发生变动，官府不会无期限的保存遗失物。从归属变动的结果看，唐代阑遗物自官家公告公示1年后仍无人认领的，归为官府所有，如《新唐书·百官志》之记载：“阑遗之物，揭于门外，榜以物色，期年没官”[1]。最后，据《捕亡令》中的有关记载，唐代已经形成了较为完备的遗失物入官、登录、公告、保管、核查、送还失主或收归官账的一系列完整的程序与制度。

总之，唐代借助法律乃至刑罚，对遗失物问题建立了完备的体系，这种体系使得路人捡拾遗失物既没有实惠可图，又冒着逾期未报官而被追究刑事责任的风险，而实际上报官的拾得人成为官家遮蔽、保管遗失物的眼线与助手，与其说拾得人帮助失主寻回阑遗物，不如说是帮助官家维护“道不拾遗”的大治秩序，这种本质上道不拾遗的制度强制对后世封建王朝影响深远，直到明清两代方有本质性的变化。

3. 明清两朝的现实主义“复古”

唐代遗失物归属制度被宋元各朝沿袭，直到明朝才发生重大变化。《大

---

[1] 张晋藩：《中国法制史》，群众出版社1991年5月版，第317页。

明律·户律·钱债》“得遗失物”条规定：“凡得遗失之物，限5日内送官，官物还官，私物召人识认，于内一半给与得物人充赏，一半给还失物人。如30日内无人识认者全给。限外不送官者，官物坐赃论，私物减二等，其物一半入官，一半给主。”虽然依然苛加给拾得人5日内报官的义务，但明朝遗失物归属制度较唐代已有较大变化，首先表现在无人认领的遗失物归属问题上，明代改变了唐代公物、私物逾期无人认领皆归公的做法，明确规定私物30日内无人认领归拾得人所有；其次，明代法律赋予了拾得人高额的法定酬金，即使遗失物的失主在公告期内认领，拾得人仍然可以获得遗失物价值之一半。可见明代遗失物归属制度的立法重点已经移转至保护拾得人的利益❶。清初立法大多沿袭明朝律法，在遗失物问题上也无例外，《清律·户律·钱债门》“得遗失物”条规定：“凡得遗失物之物，限5日内送官，官物尽数还官，私物召人识认，一半给还失物人，于内一半给与得物人充赏。如30日内无人识认者，全给。限外，不送官者，官物坐赃论，私物减二等，其物一半入官，一半给主”，几与明律相关规定相同❷。

明清两代遗失物归属法律重新认可了拾得人对无人认领的遗失物享有权益，改变了唐代一律充公的做法，重新靠近了西周与汉代的处理方式，堪称一种“复古”，而这种复古，并未表明封建王朝放弃了道不拾遗的儒家教化的思想，更非向西方的民法传统接轨，而是应较合理的解释为明清人口膨胀与经济、社会的发展使得统治者采纳了更为“现实”的做法，随着中央集权的越演越烈，统治者也日益无暇顾及遗失物这种民间的微小问题之上，只求公物复归，无人认领之私物归拾得人所有，这样显得更为经济与简单。但是失主认领时需支付的遗失物价值一半的报酬，略显草率和随意，也从一个侧面体现了道不拾遗的理想与社会现实的巨大鸿沟，统治者认为，非基于此等高额奖励，无助于解决遗失物的寻回问题。

（二）我国近现代的遗失物归属制度

晚清政权为求自救，也开展了一些调研与立法活动，《大清民律草案》中对

---

❶ 郭建、姚荣涛、王志强：《中国法制史》，上海人民出版社2000年版，第365页。

❷ 田涛，郑秦点校：《大清律例》，法律出版社1999年版，第226页。

遗失物归属问题即有明文规定："拾得遗失物人依特别法令所定取得其所有权"，"民国民法"在《大清民律草案》与《"中华民国"民律草案》的基础上，又吸纳了德国、瑞士与日本等国民法的相关制度，在第803至807条规定了拾得人的通知、报告与保管等义务，亦规定了拾得人的报酬请求权以及无人认领时得取得遗失物所有权的期待利益。在新中国成立以后，《民法通则》颁布之前，对于遗失物的拾得，是以道德标准进行规范的，实践中要求拾得人把遗失物原物交还失主，若失主不明，应当交给公安机关或有关单位，因保管遗失物而支付的费用由失主负担，拾得物经公安机关或者有关单位公告招领满一定期间无人认领的，应收归国家所有❶。随后的《民法通则》以及《最高人民法院关于贯彻执行〈中华人民共和国民法通则〉若干问题的意见》中规定，拾得遗失物、漂流物或者失散的饲养动物，应当归还失主，因此而支出的费用由失主偿还。拾得物灭失、毁损，拾得人没有故意的，不承担民事责任。拾得人将拾得物据为己有，拒不返还而引起诉讼的，按照侵权之诉处理。可见，《民法通则》基本延续了其颁布之前实践中的相关做法。2007年颁布的《物权法》第109条至113条规定了遗失物拾得的法律规范，基本延续了新中国成立以后对遗失物的处理办法。区别于现代其他国家民法的相关规定，2007年《物权法》没有赋予拾得人报酬请求权，无人认领遗失物的所有权不归属于拾得人而是归属国家。

第三节　遗失物归属法律制度的立法取向

一、遗失物归属法律制度立法取向之析

（一）遗失物归属法律制度立法取向的含义

所谓"立法取向"系指在一国立法机关的立法过程中，为处理同一问题面对不同的法律继受、移植之素材与方案时，所进行的具有一定倾向性的选择，这种倾向性的选择或基于一定的价值判断，或基于特定的法律传统或习惯。就遗失物归属问题而言，其立法取向主要指就无人认领遗失物的权属作何处理的方案选

❶ 佟柔：《中国民法》，法律出版社1990年版11月版，第127页。

择，比如德国在订立民法典的过程中，面对无人认领遗失物有关的罗马法与日耳曼法的两种不同方案，立法机关的选择为日耳曼法上的“变动主义”。除上述“宏观”意义上的遗失物归属立法取向外，尚有“微观”维度的立法取向，如在遗失物归属变动主义的宏观立法取向下对于遗失物新的归属人为何者的问题又有不同的微观立法取向，如遗失物归属的“拾得人取得主义”以及遗失物归属的“国家取得主义”等方案。本节主要从宏观层面上使用立法取向之称谓。

（二）遗失物归属法律制度立法取向的类型

1. 遗失物归属之维持主义

（1）遗失物归属维持主义之含义

所谓遗失物归属“维持主义”系指在立法上坚持遗失物归属的一致性，不因招领程序的启动与公告期的届满而发生遗失物归属变动，遗失物的拾得不属于所有权变动的原因之一，无论拾得人抑或国家等公法人均不得成为遗失物之新归属者。遗失物归属的维持主义是所有权原则的绝对贯彻，按照这一原则，遗失物的所有人并非丧失其所有权，如罗马法法谚云：“发现我物，我取回”。

（2）遗失物归属维持主义之立法例

有关遗失物归属维持主义最早之立法例当推罗马法，在罗马法上，拾得人仅得依照时效取得制度获得遗失物之所有权，若遗失人不因时效而消灭其权利，无论何时，得对于拾得人提起占有物收回之诉，起诉后拾得人必须交还原物。但拾得人得本于无因管理制度之法则，以要求遗失人赔偿费用，而无所谓拾得遗失物之报酬❶。罗马法中最“接近”拾得遗失物的系先占制度，然先占仅适用委弃物（res derelicatae）；遗失物、漂流物等因其所有人或无委弃之意思，或无委弃之意思与事实，均不适用先占之法则❷。查罗马法中非因当事人协议发生所有权原始取得之情况，仅有先占、埋藏物之发现、添附与混合混杂等❸，并无独立之因遗失物拾得而发生物权变动之制度。

有些国家继受了罗马法上拾得人不取得任何权利的传统，更强调保护财产权

---

❶ 黄右昌：《民法诠解——物权编》（上册），商务印书馆 1936 年 6 月 3 版，第 166 页。

❷ 陈朝璧：《罗马法原理》，法律出版社 2006 年 8 月版，第 261 页。

❸ ［意］彭梵得：《罗马法教科书》，黄风译，中国政法大学出版社 2005 年 9 月修订 3 版，第 151～158 页。

静的秩序，突出所有权人或其他正当权利人行使其物权追及力之强度，规定原权利人不论何时均得向拾得人主张返还原物。如法国民法即在拾得陆上遗失物之处理上采纳了“维持主义”之取向：据法国民法理论，对于恶意占有人始终可以向其追还财产，而且对所有种类的物均可提起此种追还之诉，尤其是可替代物[1]。而拾得人就遗失物不属自己所有的事实知情（notice）角度看，当属“恶意”。这种恶意使得拾得人不因其占有遗失物的行为而获致遗失物的所有权，而且对时效制度的适用产生影响：《法国民法典》第2279条第2款规定的3年时效不适用遗失物的拾得人[2]，甚至时效取得制度亦无适用余地，“动产恶意占有人在30年后对动产的取得更多的是基于消灭时效而非取得时效[3]”。但是由于占有具有权利证书之意义，故而在有人要求追还丢失的动产物品时，其必须负担举证责任，表明自己系遗失人或遗失物受领权人，需要证明自己先前的合法占有，以及存在丢失物品的事实[4]。但是出于交易安全的考虑，《法国民法典》第2279条、第2280条以及高等法院的各种判例形成了比较完善的动产善意取得制度。

除法国民法外，英美普通法对遗失物归属问题亦采纳了“维持主义”的取向，只不过判例法采遵循先例之原则，难谓“立法取向”而已，但其基本原则与维持主义的立法取向一致，即拾得人仅能获得一种不完全的财产权利，遗失物即便在一定期间内无人认领，其所有权主体并不发生变化，拾得人不得基于其财产权利对抗所有权人的返回原物的请求。

2. 遗失物归属之变动主义

（1）遗失物归属变动主义之含义

所谓遗失物归属“变动主义”并非指遗失物一经脱离原主占有即告权属变动，亦非指拾得人一经占有遗失物即获得所有权，而指在历经通知、报告、送交、保管及一定期间之公告等程序后，民法重新判定遗失物之归属，不论其判定

---

[1] 法国最高法院第一民事庭，1989年2月7日。

[2] 《法国民法典》第2279条：“涉及动产时，占有即等于所有权证书。但是，丢失物品的人或者物品被盗的人，自其物品丢失或被盗之日起3年之内，得向现时持有该物品的人请求返还；该持有物品的人得向其取得该物的人请求赔偿。”

[3] 尹田：《法国物权法》，法律出版社2009年5月第2版，第242页。

[4] ［法］泰雷，森勒尔：《法国财产法》（下册），罗结珍译，中国法制出版社2008年5月版，第645页。

结果为归属国家抑或拾得人，均称为发生遗失物归属变动之立法取向。在采纳遗失物归属“变动主义”立法取向的立法例中，就遗失物归属变动结果的判定问题，又有两种不同情形：一是拾得人取得遗失物之所有权；二是公法人取得遗失物之所有权，这类公法人为国家或者地方政府，有时亦包括地方自治机构。

（2）遗失物归属变动主义之立法例

遗失物归属变动主义之立法取向相对于维持主义更符合社会现实，避免了特定机构无限期保管遗失物，节省了保管成本；又使遗失物得以发挥其交换价值与使用价值，回到正常的财货秩序中。因此，多数国家均采纳了遗失物归属变动主义的立法取向，在变动主义的立法例中；或者规定无人认领的遗失物归国家或地方政府所有，如我国2007年《物权法》之规定；或者规定无人认领的遗失物归拾得人所有，如《瑞士民法典》、“我国台湾地区民法”之规定。此外，英美法通过制定法的颁布亦在一定区域内采纳了如《日本遗失物法》的办法，即改变了普通法判例确立的规则，使拾得人得终局获得无人认领的遗失物之所有权。

二、遗失物归属法律制度立法取向之选择

（一）选择论一——道德维度

1. “路不拾遗”之诠释

在我国《物权法》制定的过程中，有许多学者认为“路不拾遗”是我国的优良传统与良好道德风尚，应该在遗失物归属制度中予以坚持。然则，路不拾遗能否作为遗失物归属问题中的道德命题，需要对此予以审慎考察。

（1）路不拾遗之析

路不拾遗，又称道不拾遗，其含义指称一种良好道德的风俗，如现代汉语中路不拾遗指：“东西掉在地上没有人捡走据为己有，形容社会风气很好，也说道不拾遗[1]”，又可指代一种社会控制或法律规范的社会效果。

（2）路不拾遗的历史条件与局限

中国古代所称“路不拾遗”或“道不拾遗”，往往与盗窃现象之湮灭一道被

[1] 中国社会科学院语言研究所：《现代汉语词典》，商务印书馆2005版，第888页。

视为“大治”与“盛世”的象征，究极本真应为一种淡泊财物、自然醇厚之民风，但需要结合具体的历史条件与社会生活予以反思。古代的“路不拾遗”与其说是一种良善道德不如说是封建制度的权力高压，暴力控制无处不在、无时不有的表现。据记载，王敬为吴兴太守时，郡里曾有个十多岁的孩童在大道上捡到一个别人遗失之包裹，被郡守杀头示众，有人称道此种行为，赞曰“自此道不拾遗，郡无劫盗”。这种路不拾遗完全脱离了道德的范畴，有学者甚至认为其已经彻底政治化：非本真的道不拾遗已经远远离开了物权的范畴，成了一种政治符号，一种权力救世界的神话。重要的不是失主的所有权，也不是如何物尽其用，而是以路面上哪怕暂时呈惊人的秩序来证明权力的效用[1]。可见我国古代所谓路不拾遗与道不拾遗，是有其历史局限性的。

（3）路不拾遗与遗失物归属维持主义

一定意义上讲，路不拾遗或道不拾遗可谓彻底坚持了遗失物归属维持主义，因为它不仅不赋予拾得人有关遗失物归属之权利，就连拾得与占有之行为也不获法律上之承认，并且它还借助刑法与刑罚来贯彻路不拾遗之精神。在一个礼治的、农业经济占主导的熟人社会中，它有助于遗失人慢慢找寻其所遗失之物，恢复对遗失物之占有。但诚如前文所述，路不拾遗有其特定的历史条件与局限，甚至一定意义上具有维护封建制度下土地权贵的私有财产权之功能，因为早期农民所享有的可以遗失之财产实在太稀少了，为其所有的主要是少量劳动工具与牲畜，这些财物对农民而言极为珍贵，反而不易遗失。有较大财产价值之遗失动产往往属于士农工商以上阶层，可以说“小小的”路不拾遗也是整个封建制度财产秩序的缩影。而更为不合时宜之处在于，路不拾遗违背了市民社会的一个非常重要的道德风尚——互相帮助。除了反对与禁止侵占他们的财产以外，市民社会的一般道德共识包含互相帮助，这当然包括鼓励、倡导帮助他人恢复对其财产之占有，这是“路不拾遗”不适合再作为时下中国的道德命令最主要原因。

2. “拾金不昧”之界定

对于遗失物归属制度来言，保护与尊重他人所有权的社会道德细化为发现并占有遗失物后，于消极方面不侵占、隐匿遗失物；于积极方面积极履行通知义务

---

[1] 吴向红：《中国古代遗失物制度的法律运行与观念流变》，载《法学》2006年第1期，第62页。

与报告、交存义务，遵从《物权法》中有关拾得人义务之规定，借助特定机构之资源与公告手段，尽力帮助失主寻回遗失物，这种道德可称为“拾金不昧”，而且已经被法律吸纳而转化为权利—义务—责任的规整模式，自应首先适应《物权法》之相关规定。然而，仍有必要考察此种法律规范的道德内涵究竟为何。有人将拾金不昧与拾得人的报酬请求权和费用偿还请求权挂钩，认为应倡导拾金不昧的社会主义风尚，而费用请求权以及相关的留置权与一贯提倡的社会主义道德不符❶。这种观点似有不妥。首先，虽然道德有其历史性而受社会条件制约，但是有些贯通之道德会超越特定历史阶段而因习惯与民族性格被传承，比如拾金不昧之风尚，古而有之，不惟社会主义独有。此外，所谓拾金不昧是指“拾得钱财不藏起来据为己有❷”，而与报酬和费用无关，我国古代对此亦非一概不给予报酬。对于我国古代不提倡拾得人索要报酬的现象，较为合理的解释是受儒家“君子耻于利”思想的影响。

综上，遗失物归属制度中的道德命题之一的“拾金不昧”，仍有其合理性与生命力，而且已经由现代法律规范所确定并保障之，这不仅仅表现为物权法中有关遗失物拾得人的义务之规定，刑事法律规范中的侵占罪与民法中的侵权责任法规范亦从其他层次保障了拾金不昧之道德律令得以遵从，并使之制度化。但是拾金不昧之道德律令并不包括请求报酬与费用不正当之判断，而且亦不评判遗失物归属的变动主义与维持主义之优劣。遗失物归属变动主义丝毫不贬损拾金不昧之道德律令之效力，无论变动主义的具体立法例是归属国家还是拾得人，均不得免除拾得人的通知与报告义务，亦不承认拾得人对遗失物有所“昧”之不法行为。

3. 鼓励互助

在市民社会中，互相帮助与接济应该作为一项具有正方向的道德律令。民法有关权利主体的经济人、理性人假定，恰恰在于承认市民社会个体本身即可作为目的，而非手段。具体的人作为特殊的个人本身就是目的。但是如果这种特殊性的个人仅把自身作为目的，其他一切在他看来就都是虚无。如果他不同别人发生

---

❶ 全国人大常委会法工委民法室：《物权法立法背景》，法律出版社 2007 年 3 月版，第 463 页。

❷ 屈茂辉：“中国拾得遗失物制度的历史经验与现实构造”，载《长沙电力学院学报》（社会科学版），1998 年第 4 期，第 46 页。

关系，他就不能达到他的全部目的，因为其他人便成了特殊的人达到目的之手段，但是特殊目的通过同他人的关系就取得了普遍性的形式，并且在满足他人福利的同时，满足了自己❶。这样，个体的特殊性目的与价值就必须要在市民社会的中介环境中借助与他人之普遍性的联系来得以实现。

在复杂的社会生活中，因为各种原因，社会成员一时或长久无法或无力照顾自己的财产和人身权益的现象是时有发生的，有关人身权益之救助，现代法制发达的国家会特设“人命紧急救助义务”，其客体限制在生命权、身体健康权范围内，不包括物权、债权等财产权益。紧急救助义务是法律苛加给非加害人的抽象社会的普通成员的法定义务，而不仅仅是市民社会互助精神的鼓励，也就是说紧急救助义务的不履行会导致法律责任的追究，是最强的法律层面上的“非难”。人命紧急救助义务的基础被视为人伦道德底线的维持，展现了法律维护最低道德的决心与态度。而对于财产状况的援手与帮助，很难从道德层面设定义务，还是要本着市民社会的经济人与理性人的前提去推演社会连带的现实需要从而引入利益激励机制。

正是由于拾得人对待遗失物不存在伦理上应然之义务，市民社会的互助道德需要借助一定效力之激励手段来鼓励其养成，遗失物归属变动主义中的拾得人取得无疑在鼓励互助道德上有其相对于遗失物归属维持主义的优势，当然互助道德之激励机制除却遗失物归属变动机制外尚有遗失人前来领取时的拾得人的法定报酬请求权机制，后者亦可以与遗失物归属维持主义相结合，但毕竟从效果与功能看，遗失物归属拾得人取得主义结合法定报酬请求权对市民社会的互助道德鼓励作用是最优的。借助这种双重激励制度，有助于形成普遍意义上的互助风尚与社会道德，而不仅仅是为了突出个体良莠差异的巨大，虽然不排除那些不需要借助激励而仅依靠个人良知去有意识地实现自身善德努力之人的存在，这种存在高于单纯对规则之服从以及对利益之追逐，但是无法形成更加普遍意义上的社会风尚与道德，而且由于不稳定性而易产生委屈甚至愤恨，直到发展成没有获得对等对待在怨恨基础上的变本加厉之恶行。为避免这种情况发生，促进普遍的道德养成，需要制度建制与法律规则互相配合。拾得人取得主义以及法定报酬请求权实

❶ ［德］黑格尔：《法哲学原理》，范扬，张企泰译，商务印书馆2009年版，第197页。

际上就提供了市民社会的整体性互助道德养成的建制与机会，由此，个人良善的实现与个体发现它自身所处的客观社会关系相一致，个体将家庭、市民社会甚至国家中向其呈现出来的伦理实质视为他自己的本质❶。

4. 结论

综上，在辨析了遗失物拾得领域的相关道德命题后，我们剔除了具有历史局限性的“路不拾遗”道德戒律，肯定了“拾金不昧”、“互相帮助”的道德命令。而在保障所有权人利益，维护拾金不昧的道德律令问题上，遗失物归属维持主义与变动主义均有其效果，但在考察另一重要的社会互助道德命题上，显然遗失物归属变动主义更适应该道德律令之要求，以使得法律制度契合道德规范之呼唤与要求，并因此在法律适用过程中，获致市民更大之确信，反过来使得法律制度更具权威与实质性效力。

民法的真正有效性必须借助道德或者说道德共识，但是并不解决“至善”的问题。所谓“至善”或称“目的中最好的目的”在亚里士多德那里是指我们的行为领域所追求的那些目的中有某个目的，是由于这个目的本身的缘故才欲求它，并且由于它的缘故而追求别的东西，而且假如由于别的东西的缘故，我们不选择任何事情——在这种情况下，我们就要做无穷的选择，以至于所有欲望都是空虚的和无益的，那么这就是至善和所有“善目”中的最好者❷。民法不关注至善，是因为法律有所为而有所不为，民法对行为效力之评价主要考察行为是否符合法律、诚信原则与善良风俗。这三者都需要整个市民社会达成一定道德共识，这里的道德不是至善，而是平衡的、妥协的、安定性的道德共识。对遗失物归属来言，所有权秩序的维护、物尽其用的促进、社会互助行为的鼓励都是正当的价值，都具有道德命令的属性，但是它们都非最高性的目的或至善。因为无法判定所归还的原物是不是可能为害，物尽其用的效率原则之贯彻是否满足财产分配问题上的正当性，社会互助行为是否会让懒人与马虎的人助长疏忽大意，而这些对于民法却不那么成为问题，因为它考虑的道德与价值是一种平衡性的安定，一种现实世界中的操作，而非脱离实际地追求社会及其成员的至善至美。

---

❶ ［英］亨利·西季威克：《伦理学史纲》，熊敏译，江苏人民出版社 2007 年版，第 229 页。

❷ Aristotle，*Nicomachean Ethics*，Hackett Publishing Company，Inc.，1999，p. 2.

（二）选择论二——效率维度

现代社会，资源具有稀缺性，而人类对资源的需求却随着人口的膨胀不断扩张，再加上资源环境的不断恶化，稀缺的资源与人类日益增长的物质需要处于紧张的张力之中。解决这个矛盾的途径就是充分利用物的价值和使用价值，提高资源的利用效率。现代物权法以效益作为重要目标，法律规范、法律制度以及法律活动要以有效利用资源、最大限度地增加社会财富为目的，也就是通过法律手段促进资源的最佳配置，实现帕累托最优。作为一种解决因资源的稀缺性与需求的无限性而引发的紧张关系的法律手段，物权法的功能不仅仅在于界定财产归属、明晰产权从而达成定纷止争、实现社会秩序之效果，更在于使有限资源之效益充分得以发挥，从而更好地满足人类的需求。无论是从物权法自身的演变看，还是从制度构造看，物权法都以追求效率作为其主旨与目标之一。

物权法对效率之追求，集中体现在物权法上的“物尽其用原则”。所谓“物尽其用”就是指通过明确权利人对物享有的权利和对物的保护，充分发挥物的效用。物权法重心从归属到利用、从所有到用益的转变体现了物尽其用原则的基本价值，现代物权法的重心已经表现为最大限度地发挥资源的效用以获得最佳的经济社会效益[1]。我国《物权法》第1条宣明旨意，规定物权法的立法目的之一就是为了“发挥物的效用”，此即为“物尽其用”原则的制定法依据。

遗失物归属“维持主义”立法取向相对于“变动主义”的立法取向，容易造成资源的浪费，不太符合“物尽其用”与物权法的效率原则。这主要因为“维持主义”的立法取向下势必涉及遗失物的保管问题，由于立法不承认长期无人认领遗失物的归属变动，会造成拾得人或受送交之特定机关的保管费用激增，不仅遗失物本身迟迟不得发挥其使用与收益价值，还会造成相关费用的支出等成本的扩大。虽然一些国家在采“维持主义”时允许拾得人对无人认领的遗失物进行合法占有，但占有并非所有，拾得人仍需时刻面对真正权利人寻至遗失物时的返还原物请求权，而拾得人又享有占有之外观，第三人未必获悉遗失物权属的真实情况，遗失物的物权关系处于一种不稳定之状态，容易造成纠纷与累诉。

相反，遗失物归属“变动主义”立法取向下，不论将无人认领的遗失物判

---

[1] 王利明：《物权法研究》（上卷），中国人民大学出版社2007年版，第133～134页。

定拾得人享有抑或国家享有，均使遗失物的内在价值得以在社会生活中继续发挥，践行了“物尽其用”之原则。在给遗失人提供一定期间内救济的同时，节省了社会资源与成本，免于遗失物之归属长期处于悬而未决之状态，避免了相关权属的无休止纠纷。

综上可见，遗失物归属法律制度中的“维持主义”与“变动主义”立法取向虽都注意维护财产秩序的静态面——所有权人的利益，为遗失人寻回遗失物提供了机会与可能，但是遗失物归属“变动主义”相比遗失物归属“维持主义”，更注重发挥物权法的“物尽其用”原则，因此更有效率，也避免了社会资源的浪费。

（三）选择论三——所有权的社会化倾向

1. 所有权之限制

民法社会化带来的所有权社会化倾向首先表现在原来所谓绝对之个人所有权受到了限制，主要表现为两个方面：其一为所有权之范围受到限制。所有权范围受到限制主要表现为修正了近代民法中的土地所有权人权利上达天空，下至无穷地底之绝对主义。这种绝对主义之所有权随着飞机、铁路、地铁等现代化运输工具之发展而被突破，土地所有权人之权利范围受到限制，主要表现在他人只要不损害土地所有人现有之利益就可行为，所有人不得干涉[1]。其二为租赁权之社会化。租赁权之社会化基于某一假定，即出租人为经济强者，承租人为经济弱者，极易出现出租人借契约自由压抑承租人之社会现象。故而基于社会法原理，借契约正义抑制契约自由之滥用，以保护承租人利益，实现法律实质之平等，故对租赁契约多设特殊规定。租赁权社会化最重要之表现为租赁权之物权化。所谓租赁权之物权化并非指租赁权成为物权之一种，而仅仅是指租赁权被赋予若干物权之效力，包括租赁权之对抗力、排除力、处分力和永续性。所谓租赁权之对抗力，是指在租赁关系存续期间，承租人对取得租赁物所有权或其他物权的人，可以主张其租赁权，对租赁物继续占有、使用和部分收益。所谓租赁权之排除力，指的是对不法侵害租赁权之第三人，承租人可基于租赁权本身主张妨害排除请求权。所谓租赁权之处分权，是指租赁权人具有让与租赁权和转租之权能。所谓租赁权

---

[1] 谢怀栻：《外国民商法精要》，法律出版社 2006 年 1 月版，第 18 页。

之永续性，是指租赁权没有存续期间或存续期间较长❶。除了租赁权之物权化，其社会化还表现为租金限制、担保限制、租约终止之限制以及承租人优先购买权之赋予等❷。

2. 福利国家下的所有权

所有权社会化的另一个表现形式是基于需要，国家可以直接赋予或剥夺某一主体的所有权。就剥夺而言，主要集中在国家的征收以及对使用权的剥夺征用，在发展中国家亦存在国有化之现象。就财产之授予而言，当代福利国家直接赋予个人或团体大量的财产权，如养老金、伤残补贴、社会保险、失业救济等。以美国为例，20 世纪美国赋予个人之财产权已经比个人拥有所有权的物质财产广泛得多，对越来越多的人来说，政府实际上为实现国民达到正常生活水平之目标，不断地赋予个人更多的权利，20 世纪下半叶，新的利益几乎前所未有地迫使法律要求以法律权利的形式予以确认。法律也确实越来越多地确认其存在，将空前大量的权利提高到受法律保护之地位，因此，法律已使当代福利国家成为新的财产权利之来源❸。

3. 资源分配型民法下的所有权

除了福利国家政策下国家得借助公共利益实现特定政策外，实际上民法以特定法律制度之形式亦起着分配与矫正资源归属之功能。以维护私法自治为基本目标之民法，有时亦直接以基本原则与立法目的为指导，借助特定法律制度，发挥资源合理配置之作用，在民法总则与分则中各有表现。如一些国家或地区民法中的禁治产人宣告制度，对于心神丧失或精神耗弱致不能处理自己事物者，法院得因本人、配偶、最近亲属或检察官之申请，宣告禁治产。被宣告为禁治产人的无行为能力人或限制行为能力人，对其所有财产之处分与用益，由其法定代理人所有。而禁治产人制度之目的除了证据法技术与方便之需要，更要保护心神障碍之人和社会交易之安全❹。又如民法中的宣告失踪与死亡制度，亦体现民法之资源分配机能。在一个人失踪后，其法律关系陷入不明确之状态，无法进行与结束，

---

❶ 崔建远：《合同法》法律出版社 2010 年 2 月第 5 版，第 425 页。

❷ 邱聪智：《新订债法各论》（上册），中国人民大学出版社 2006 年版，第 229 页。

❸ ［美］伯纳德·施瓦茨：《美国法律史》，王军等译，中国政法大学出版社 1997 年版，第 275 页。

❹ 林诚二：《民法总则》（上册），法律出版社 2008 年 5 月版，第 147 页。

失踪后由于生死不明，不仅如婚姻配偶等身份上之法律关系无法确定，其财产上的法律关系亦无法确定。此种状态若长此以往，对于利害关系人抑或整个社会秩序均有不良影响，因此法律特别设立死亡宣告制度，由利害关系人申请并由法院宣告死亡，使得失踪人之配偶得以再婚，遗产得以开始继承，其他法律关系得以终结[1]。禁治产人与宣告死亡制度虽然顾及到本人及其近亲属之利益，但更要考虑社会公共利益，此二者就财产秩序而言并非所有权的终局性再分配，因为当事人有恢复行为能力或再为出现之可能，故而属于“一时用益之分配”。与此相对，仍有“终局之所有权分配”之制度，如取得时效与先占制度。前者一方面对公开持续自主之占有秩序予以维护，另一方面亦是对原所有人怠于行使或无法行使其财产之“处置”——以资源再分配之模式。后者对于抛弃物或无主物的占有予以承认并赋予先占人所有权。民法中这些制度不论一时或终局，不论用益权抑或所有权之再分配，均体现了民法社会本位的资源分配功能，除了我们一般论及的所有权之限制与福利国家政策外，民法自身就具有对资源合理配置，保护社会中互相联系的成员权益，维护交易链中前后手之交易安全等功能。遗失物归属“变动主义”亦属于民法资源配置之一种，经过民法所设置的帮助失主寻回遗失物之特定程序以及一定期间之公告期间后，民法为求秩序之稳定，资源之合理配置，重新配置资源，以期社会利益得以满足。唯应指出，民法的这种社会化所有权之表现，系一种私人所有权自由支配之特例，仅能属于受条件限制之矫正。易言之，意思自治与私权的自由支配系被历史证明而蕴含生活之理性，其价值宣示作用不可估量，任何任意褫夺私权、干涉个人自由之制度安排均可能带来无可承受之灾难。但考虑社会之连带趋于紧密，资源之稀缺更为突出，民法不得不予以调和与矫正，以求秩序之安定以及交易之安全。

三、本节结论

如上所述，遗失物归属“维持主义”与“变动主义”既相互联系又存有区别。作为遗失物归属问题的两大宏观立法框架，遗失物归属“变动主义”与遗失物归属“维持主义”皆致力于维护财产秩序的静态面，主要体现在对所有权

---

[1] 施启扬：《民法总则》，中国法制出版社 2009 年 9 月版，第 74 页。

的保障与维护中，不论无人认领的遗失物权属是维持抑或变动，都对遗失人尽力予以救济，帮助其恢复对物之占有。同时两大立法取向皆努力降低物权的排他性成本，对于这点，遗失物归属“维持主义”似乎更容易理解，它认为一个不慎被遗失的动产无论怎样都不发生财产权属的变更，这无疑降低了所有人担心对财产因偶然原因遗失而致丧失权属的担忧。但是遗失物归属“变动主义”其实也坚持了这个原则，即也通过变动程序的设置来努力实现排他性成本的降低。所谓遗失物归属的变动程序，从拾得人或国家取得遗失物所有权的结果来看，是权利主体变更的“窗口”，但另一个角度亦是遗失物归属变更的“障碍”，因为以拾得人取得主义来讲，若拾得人违反了通知义务、保管义务，则根本无法获得遗失物之所有权，而这些程序设计的基本价值就在于尽力帮助遗失人寻回所失之物。

虽然遗失物归属“变动主义”与遗失物归属“维持主义”有种种联系，但是亦有区别，而这种区别主要表现在遗失物归属“变动主义”更有利于促使社会成员养成拾金不昧、互相帮助的道德风尚，更有利于发挥物的效用，贯彻物尽其用原则。而在所有权社会化的现代社会，遗失物归属不再单单是原权利人与拾得人之间的单一问题，更涉及社会财货流转与财富增加的社会命题。社会本位下的民法具有资源分配之功能，民法自身对资源的合理配置，对社会中互相联系之成员的权益维护，对交易链中前后手之交易安全的维护都非常重视。遗失物归属“变动主义”在解释上亦属于民法资源配置功能发挥的一种表现。总之，相对于“维持主义”，遗失物归属法律制度的“变动主义”立法取向更具合理性。但是遗失物归属变动的原因为何，以及具体的遗失物归属变动结果为何，即归属于国家还是拾得者个人，这些问题仍有待回答与解决，需要展开进一步的讨论。

第二章　遗失物归属变动论

第一节　遗失物归属变动之方式

一、遗失物归属变动方式之析

遗失物归属变动方式是指遗失物所有权变动的原因与方法，即引起遗失物归属变动的法律事实。从概念的体系看，遗失物归属变动方式系物权变动原因的下位概念。一般认为，物权变动可以分为两类，一种系基于法律行为的物权变动，另一种为非基于法律行为的物权变动。与此相对应，物权变动的原因与方式亦可分为两类——法律行为与法律行为以外的原因[1]。法律行为既包括双方法律行为如契约，亦包括单方法律行为如抛弃。法律行为以外的原因一般包括先占、时效取得、加工、混合及混同等。此外，一般法律行为作为物权变动的原因时，往往发生继受取得，其物权的取得基于他人既存的权利与意思；而非法律行为原因造成的物权变动，往往称为原始取得，是指非基于他人既存的权利与意思而取得物权，如基于事实行为而取得物权，一般属于物权的原始取得。

可见，明晰遗失物归属变动的方式，就是要回答遗失物所有权变动的原因是法律行为还是非法律行为，是适用非法律行为方式中的先占、取得时效等原因，还是遗失物归属变动有其特别的、独立的变动方式这些不可避免之问题。此外，如果遗失物归属变动方式具有其独立的属性与特征，亦应在解释论上尝试界定与诠释这种特殊的变动方式。下文拟首先将遗失物归属变动与其他相关可能导致物

---

[1] 亦有学者采三分法，认为物权变动原因有三类：其一是法律行为，其二是法律行为以外的其他原因，其三是某些公法上如征收或没收而致物权发生变动。参见：陈华彬：《物权法原理》，国家行政学院出版社 1998 年 3 月版，第 108 ~ 109 页。

权变动的原因与方式进行比较，以排除法得出遗失物归属变动方式具有独特属性的结论，并在此基础上具体阐述遗失物归属变动的独特方式。

二、遗失物归属变动方式之选择

（一）非因先占

1. 先占制度概述

先占，指以所有之意思，占有无主之财产，而取得所有权的法律事实❶。关于无主物的先占取得，各国主要有三种立法例。其一为“先占自由主义”，即不区分不动产与动产，而一律允许自由先占而取得其所有权。其二，“先占权主义”，不动产唯国家有先占权，至于动产，须得法律之许可，始能取得其所有权。其三“，二元主义”，无主物被区别为动产无主物与不动产无主物两种，无主动产适用“先占自由主义”，个人得依照先占取得其所有权，而无主不动产则适用国家先占主义，唯有国家得取得其所有权。对于先占之性质，亦有三种学说：其一为法律行为说，认为法律既然要求先占之成立须以先占人以所有之意思占有标的物，而该所有的意思即取得所有权的效果意思，因此先占为一种法律行为。第二，准法律行为说。认为先占属于以意思表示为要素的准法律行为中的非表现行为。由于先占非属于达成私法自治目的的制度，故而它仅属于法律对于一定的意思行为，承认有取得所有权效果的制度。其三，事实行为说，认为先占制度中的所谓以所有之意思非指效果意思，而指事实上对物有完全支配管领的意思。基于占有无主动产的事实，法律遂赋予占有人取得其所有权的效果，为此属于事实行为。三种学说以事实行为说为通说❷。依笔者之见，先占作为权利之源泉（origin of tile），从历史上看属于人类获致私产的主要手段，有必要突出其毫不含糊为自己享用之意图（an unequivocal intention of appropriating the thing to his individual use）❸，此意图与先占人对财产的实际控制行为一并构成一个单方法律行为，且应属无须受领的单方法律行为。

---

❶ 梁慧星：《中国物权法研究》（上册），法律出版社1998年版，第527页。

❷ 陈华彬：《物权法原理》，国家行政学院出版社1998年3月版，第450页。

❸ Carol M. Rose, Possession as the Origin of Property, *the University of Chicago Law Review*, Vol. 52, No. 1, p. 76.

2. 遗失物归属变动与先占之区别

在采用遗失物归属“变动主义”立法取向的国家中，针对拾得人取得无人认领的遗失物所有权之过程，有一种观点认为：法律拟制原权利人弃权后，拾得人因其拾得溯及地构成先占，故而取得遗失物所有权❶。此种解释如若成立，考虑到先占之特征，必须在解释上满足两个条件：其一，拾得人怀自主占有之意思；其二，拾得人对遗失物之占有必须持续。对于第一个条件，遗失物之拾得并不满足，因为拾得人在拾得与上交遗失物的过程中必属他主占有，若其据为己有，拒不履行通知与报告义务；或者干脆处分遗失物，将其转变给第三人，会导致民法上的侵权与不当得利责任，甚至可能引发侵占遗失物的刑事责任。可见，法律不允许拾得人揣怀自主占有之意思。那么得否认为拾得人对遗失物之占有存在“占有意思转化”的现象呢？所谓“占有意思之转化”属于占有变更之一种。占有变更指不失占有之存在，而其占有状态发生变更，可能由善意占有转为恶意占有、和平占有转为暴力占有，亦有可能为他主占有转为自主占有。大陆法系民法典中一般仅对他主占有转为自主占有设特别规定。以我国台湾地区民法为例，其第945条规定：占有，依其所由发生之事实之性质，无所有之意思者，其占有人对于使其占有之人表示所有之意思时起，为以所有之意思而占有；其因新事实变为以所有之意思占有者，亦同。查其立法本旨，因新事实之占有转变系指他主占有人后因混同、买卖、赠予等事实变为占有物之所有者而言，而他主占有人若欲主动变动占有之意思，须对使其为占有之人表示出所有的意思❷。此规定纯系为了取得时效制度之完整。盖因他主占有日益常见，而若不对占有意思之转变强制要求向原权利人公开表示，他主占有人仅内心予以转化即可能依照时效取得他人之财产，显然失当，故而予以限制。拾得人因法律规定其获致无人认领的遗失物后，方有所有之意思，此意思系“拾得人取得主义”之结果，并不存在占有意思转化的问题。当然若采“拾得人取得主义”之立法例，拾得人在拾得遗失物后，在遗失物处于归属变动程序（通知、保管、保管、公告）之时，法律并不禁止其享有获致遗失物之动机，此动机所附带的利益由于被法律认为有鼓励互助之价值甚至获得“期待权”之保护。但是无论如何，拾得人并不得具有“所

---

❶ 胡长清：《民法物权》，商务印书馆1935年11月版，第37页。

❷ 史尚宽：《物权法论》，中国政法大学出版社2000年1月版，第555页。

有之意思”而占有遗失物，仅可持“将来所有遗失物”之期待。

此外，遗失物归属变动不适用先占的理由还在于遗失物拾得不满足上述第二个条件，即拾得人对遗失物之占有须保持持续的状态。虽然特定机构自接手遗失物后即承担保管责任，拾得人免除保管义务，若失主寻至特定机构欲取回遗失物时，特定机构应通知拾得人以供其先行从失主手中索要费用与报酬。在无人认领的遗失物且采“拾得人取得主义”之国家，特定机构还负担交回遗失物至拾得人之义务；但考察特定机构设置之目的与功能，仍系尽力方便失主寻回遗失物，并非为了拾得人之利益管领遗失物，故而难称特定机关为真正意义上的拾得人之占有辅助人。由于法律对拾得人设定了报告与送交义务，拾得人并不能持续占有遗失物。

综上，由于拾得人拾得遗失物不满足适用先占的两个前提条件，故而将遗失物归属变动之原因解释为先占难谓周延，拾得人即便取得遗失物之所有权，也难称因先占制度取得。

（二）非因时效制度

1. 遗失物归属变动与消灭时效

（1）消灭时效概述

“消灭时效”在我国习惯称之为“诉讼时效”，是指权利人请求人民法院保护其民事权利的法定期限。超过该期限以后，当事人的民事权利的效力就会发生减损之效果[1]。消灭时效之用语由我国“民国民法”从《日本民法典》第167条引入，但其内涵与日本民法中之消灭时效迥异。日本民法中的消灭时效，权利本身因不行使达一定期间而径直消灭，就权利人而言，已无该权利，若有本于该权利而受益情事，在法理上即构成不当得利。而“民国民法”及其继承者我国台湾地区民法虽采纳消灭时效之用语，但时效完成后，非但权利本身不消灭，而且本于该权利而生之请求权，亦不消灭，仅生债务人不拒绝给付，债权人受领该给付，并不构成不当得利，故而请求权仅减弱其效力，并非已经消灭[2]。关于诉讼期间罹过之效力，我国大陆民法旧有通说为“胜诉权”，但依照法释［2008］11

[1] 王利明：《民法总则》，中国人民大学出版社2003年版，第712页。

[2] 姚瑞光：《民法总则论》，中国政法大学出版社2010年8月版，第328页。

号《最高人民法院关于审理民事案件适用诉讼时效制度若干问题的规定》第3条❶之规定，似乎解释上应采纳抗辩权产生之效果。

（2）遗失物之招领期间与消灭时效

遗失物之招领期间并非消灭时效。遗失物招领期间罹过，在“遗失物归属变动主义”立法例下，无论立法判定归属结果为国家取得抑或拾得人取得，原所有人丧失所有权自属无疑，而非仅仅使拾得人获得消灭时效之抗辩权，以对抗原权利人享有的原物返还之物上请求权，而是从实体权利归属上发生终局性变化。唯应注意，虽然公告期间非消灭时效，但是拾得人拾得遗失物后，亦有消灭时效适用之可能。如若一国民法允许动产物上请求权适用消灭时效，则拾得人自得以消灭时效而为抗辩以对抗失主之遗失物回复请求权❷，但此种时效抗辩并不发生遗失物归属变动之效果。

2. 遗失物归属变动与取得时效

（1）取得时效概述

从《十二铜表法》开始，在以后的一个世纪中（在这一时代出现了一个将罗马的公共土地分配给市民的土地制度安排，获得分配的人对其土地所享有的只是占有，而不享有所有权，因为公共土地的所有权只可能属于罗马），在祭司以及早期罗马法的专家中逐渐知道存在一种法律上的事实状态，并且很难将这种状态归类于某种权利。这个事实状态就是对物的一种现实的管领和支配关系，当它持续1年或2年的时候，就可以通过时效取得而取得对物的完全所有权。而且值得注意的是，取得时效（usus）之出现甚至早于占有（possessio）作为独立法律制度之出现。罗马法学理论曾广泛讨论过这两个术语究竟有什么不同的价值，并且在后来才确认，占有是一个独立的制度，古老的取得时效（usus）具有两个方面的内在张力：一方面它具有一个最宽泛之适用范围，甚至可以适用于某些家庭关系，因此不限于对物的纯粹的管领和支配；另一方面，它本身既包含了事实上的状态（后来又被称为“占有”），也包含了这种事实状态所具有的法律效力，

---

❶ 《最高人民法院关于审理民事案件适用诉讼时效制度若干问题的规定》第3条：当事人未提出诉讼时效抗辩，人民法院不应对诉讼时效问题进行释明及主动适用诉讼时效的规定进行裁判。

❷ 林诚二：《民法总则》（下册），法律出版社2008年5月版，第510页。

也即与其相对应的取得权利之效力[1]。现代民法中取得时效制度作为所有权的取得方法之一，于动产与不动产皆有适用之余地。其要件主要有二：一为具备特定条件之占有；二为一定时间之经过。所谓“具备特定条件之占有”，一般要求：①自主占有，即对物具有与所有人为同样支配的意思而为占有，若非以所有之意思占有，则时效并不开始进行；②和平占有，即占有人非以强暴、胁迫之手段取得与维持占有；③公然占有，即占有人非以隐藏秘密之方法为占有，是否“公然”则应依照一般交易观念加以判断；④须持续占有一定期间，取得时效必须经过之期间，在动产较为短暂，在不动产，较为长久[2]。至于占有是否需要善意，德国、瑞士民法均以占有人之善意为要件，其所谓占有系指对于自己享有所有权为善意，即误信自己为所有人；而日本与我国台湾地区民法则区别善意占有与恶意占有，适用长短不齐之期间[3]。

（2）遗失物归属变动方式与取得时效之区别

有学者建议采纳取得时效制度解决无人认领的遗失物归属问题，这种观点认为：“许多国家的法律用取得时效来解决无人认领财产的归属问题，取得时效指财产的占有人以所有的意思，善意地、公开地、和平地持续占有他人财产达到法定期间，即依法取得其对该项财产所有权的法律制度……取得时效制度能实现法律充分发挥物的效用的功能，在尽了善良注意义务后，拾得人由于无失主认领而自动取得所有权，首先可以提高拾得人的积极性，促进遗失物的返还进度；其次可以补偿拾得人的劳动付出，平衡其权利与义务；再者可以明确物权关系，减少非法占有状态的出现。因而需要借鉴其他国家已成熟的关于取得时效的设计[4]”。笔者认为上述观点有所不妥。首先，不存在许多国家用取得时效制度解决无人认领的遗失物归属问题这样的说法，比如主要大陆法系国家德国、瑞士、日本、意大利，以及我国台湾地区都是分别设立取得时效制度与遗失物拾得制度，二者均为独立的动产所有权变动之原因。其二，主要资本主义国家取得时效制度的设立

---

[1] ［意］路易吉·卡珀格罗西·阔洛内赛：“所有权和物权：从罗马法到现代”，薛军译，载费安玲主编：《学说汇纂》第2卷，知识产权出版社2009年4月版，第11～12页。

[2] 杨与龄：《民法概要》，中国政法大学出版社2002年9月版，第268～269页。

[3] 史尚宽：《物权法论》，中国政法大学出版社2000年1月版，第75页。

[4] 袁波文，丘毅：《〈物权法〉关于拾得遗失物制度的亮点与不足》，载《法制与社会》2008年03（中），第16页。

往往强调自主占用者之"善意"，而遗失物的拾得人对遗失物权属状况基本上都是知情的、"恶意"的，而且若拾得人对遗失物有自主占有之意思，非但丧失费用偿还请求权、报酬请求权与法定期间罹过取得遗失物的期待利益（若采拾得人取得主义），而且有被追究刑事责任之可能。当然有些立法例如我国台湾地区对于恶意占有人亦有适用取得时效之余地，其基本立场是善意之占有适用较短的时效，动产为5年，不动产为10年；恶意之占有则适用长期之时效，动产10年，不动产20年，不论如何，皆远长于遗失物之招领公告期间。再次，所谓"取得时效制度更能发挥物尽其用功能"的说法并不妥当，因为即便是动产的取得时效期间，以国外立法例之经验，也基本为5年或10年，而遗失物公告期间往往仅为6个月至1年，显然借用取得时效规整遗失物归属的做法在时间成本上并不具有效率上的优势。此外需要指出的是，对于取得时效制度有产生时效的中断之可能[1]，而对于遗失物之招领公告期间则不存在中断之可能，解释上应为法定不变期间。

虽然无人认领的遗失物归属变动不得用时效取得解释，但出于举证责任之现实考虑，遗失物自有时效取得制度适用之可能。如采恶意占有亦得适用时效取得之立法例，拾得人拾得遗失物后，自主、公开、和平、持续占有遗失物于法定期间（一般长于10年），拾得人自可基于取得时效而获得遗失物之所有权，但此所有权之变动非基于遗失物归属变动程序，与遗失物归属变动方式并不相悖，二者平行独立，各自发挥其制度价值。

（三）非因权利失效制度

1. 权利失效制度概论

权利失效制度系德国法官依据诚信原则与权利不得滥用原则通过司法实践与法者学说逐渐搭构的体系化的理论。所谓权利失效属于失权（Verkung）之一种，指权利人在相当期间内不行使其权利，依特别情事足以使义务人正当信任债权人不欲使其履行义务时，则基于诚信原则不得再为主张。以租赁合同为例，如若根据已经订立之租赁协议，承租人本应向房东支付租金1000元，后在实际履行时，承租人认为租金太高了，故而每月仅向出租人支付900元，而房东没有对此提出

[1] 杨与龄：《民法概要》，中国政法大学出版社2002年版，第269页。

异议，3 年后出租人要求承租人补交过去 3 年里其没有按照租约支付的每月 100 元租金差额。德国学者一般认为承租人第一次给付 900 元的行为并不构成变更旧有的租赁合同，第二次继续仅仅给付 900 元之行为构成了变更合同之默示要约，但是出租人接受租金并保持沉默不构成对此要约之承诺，而且出租人没有请求承租人支付全额租金的行为，故而并不构成对剩余租金之弃权。但是根据诚信原则，出租人可能丧失了剩余租金的请求权，其发生之基础为权利不得滥用原则，因为出租人的上述行为表现为自相矛盾之行为[1]，导致了出租人之“权利失效”。

2. 权利失效制度的构成要件与适用范围

权利失效制度以诚信原则为基础，而诚信原则又为法律上之基本原则，故对整个法律领域中的一切权利，无论请求权、形成权、抗辩权，均有适用之余地。就其要件而言主要有两个法律事实，其一为权利在相当期间内不行使之事实，其二为特殊情况（Besondere Umstände）足以使义务人正当信任权利人已不欲其履行义务，致权利之再为行使有违诚信原则。而在判断何为特殊情况时，必须斟酌权利之性质、法律行为之种类、当事人之间之关系、经济社会状态及其他主客观因素而决定之[2]。

3. 遗失物归属变动方式与权利失效制度之区别

遗失物归属“变动主义”下，原权利人丧失遗失物之所有权并非基于上述“权利失效”制度。理由如下：其一，原权利人不存在不行使权利之事实。虽然遗失物脱离原权利人占有，原权利人或有照管疏忽，但毕竟遗失其占有之物属于偶然发生，法律无从苛责所有权人时时保持警惕。虽然遗失物脱离原权利人之占有，但此脱离并不得单独认作抛弃，亦不能推论得出原权利人不欲行使遗失物之所有权，而仅能谓其因为占有之丧失而不得行使而已；且权利失效制度中的“权利不行使期间”虽可能短于诉讼时效，但远长于遗失物的招领公告期间，故对于遗失物来言，仅公告期满无人认领并不符合权利失效制度的“权利长期不行使”构成要件。此外，公告期满但仍无人认领之事实对拾得人而言并不产生适用权利

---

[1] ［德］齐默曼，［英］惠特克：《欧洲合同法中的诚信原则》，法律出版社 2005 年 2 月版，第 360 ~ 361 页。

[2] 王泽鉴：《民法学说与判例研究》第 1 册，中国政法大学出版社 1997 年 11 月版，第 292 页。

失效制度之“特殊情况”，发生权利失效之特定情况在于其行为与情事违反当事人足以使相对人产生信赖之惯常行为，致使该特定情况前后矛盾，使得相对人措施不及、无所适从。而对于拾得人而言，自其拾得伊始即知晓遗失物不属于其所有而归属于他人之事实，无所谓信赖问题，不能认为原权利人之原物返还请求权或占有返还请求权因其遗失与公告期满之事实而发生失权之法律效果。故而，遗失物不因权利失效制度而发生变动。

（四）非因无因管理

1. 无因管理与无因管理之债

无因管理是指无法定或约定之义务，而为他人管理事务的行为。由于无因管理的发生，在管理人与被管理人（本人）之间产生债权债务关系，故无因管理是债的发生原因[1]。现代民法中无因管理制度建立在两个基本类型之上，其一为适法之无因管理，其二为不适法之无因管理。从财产损益效果与本人意志自由两个方面看，前者又可分为两类：一为管理事务利于本人，并且不违反本人明示或可得而推知之意思；二为管理事务虽违反本人明示或可得而推知之意思，但其管理系为本人尽公益上之义务或为其履行法定（扶）抚养义务。后者所谓不适法无因管理，或者以效果看不利于本人，或者干脆违反本人之意愿，又可一分为二：其一为管理事务不利于本人；其二为违反本人明示或可得而推知之意思[2]。

2. 无因管理与遗失物归属问题

（1）无因管理与遗失物归属制度的关联

他人事务本不得任意干涉，否则构成侵权行为，但人类互助系社会生活共存之道，亦有容许之必要，无因管理制度之基本价值取向在于权衡自由意志领域内财产与生活自主支配不容侵犯之法益与鼓励互助行为两大市民社会价值之平衡。因此在立法主旨上，无因管理制度与遗失物归属制度两相契合，遗失物法的核心在于鼓励社会成员之间针对“物”的互助行为，帮助他人寻回偶然丢失之财产，同时又希望借助报酬、“拾得人取得”等机制平衡拾得人之利益，尽力避免拾得

---

[1] 张俊浩：《民法学原理》中国政法大学出版社 1997 年 7 月版，第 574 页。

[2] 王泽鉴：《民法学说与判例研究》（第二册），中国政法大学出版社 1997 年 11 月版，第 90 页。

人侵占所拾得之遗失物的不法行为。

(2) 无因管理制度与遗失物归属制度之区别

①无因管理人的费用偿还请求权与拾得人的费用偿还请求权之比较

虽然各国立法例在拾得人报酬与遗失物归属问题上存在差异，但是在拾得人的费用偿还请求权规制上，却显得较为一致。对于拾得人请求原权利人支付其在保管、找寻遗失人过程中所垫付的费用问题上，各国是有基本共识的。如《德国民法典》第970条规定：拾得人以保管或保护拾得物为目的，或以查明受领权人为目的而支付其得依情事认为必要的费用，可以向受领权人请求偿还；《日本遗失物法》第27条亦规定：遗失物的保管费、公告费及其他必要费用，由接受物品返还的遗失人或取得物品的所有权之人负担；《意大利民法典》第929条第2款则规定，“物品的所有人如同拾得人一样，在取回物品或者价款之后应当承担必要的费用”。可见，在拾得人费用偿还请求权问题上，各国民法之相关法律规定差异不大。

拾得人费用偿还请求权之设定，应进行目的性限制与合理性限制，前者强调费用之支出以保管、找寻、通知、公告为目的，后者强调前项支出不得超过依照情事的合理性限度。在规定方式上不妨列举常见费用之形式：如有学者建议可规定为拾得人或保存机关就遗失物支出的保管费、公告费以及其他必要费用[1]；有学者界定为有权受领遗失物的人应当向拾得人或保管遗失物的机关支付其因保管遗失物、查明失主、返还或者拍卖遗失物而支出的合理费用。

对于“无因管理人的费用偿还请求权”与“拾得人的费用偿还请求权”之关系，有学者认为：拾得人的费用偿还请求权与无因管理制度中管理人的费用请求权性质一样，即“拾得人与遗失物权利人之间形成无因管理关系，因此依无因管理的规则，拾得人因保管遗失物所发生的费用，当然有权请求作为受益人的物主或取得遗失物所有权的人补偿。同样，依据无因管理的规则，所应补偿的费用，须以保存遗失物的必要支出为限”[2]，该论述略有偏颇：无因管理制度中，管理人的费用偿还请求权可谓其主要的权利，并无拾得人所谓期待利益可言，其

---

[1] 梁慧星：《中国民法典草案建议稿附理由．物权编》，法律出版社2004年12月，第171页。

[2] 同上。

管理行为只要行为本身是为本人之利益（正当的无因管理/适法的无因管理），则不问结果，管理所生之费用，本人都应予以给付❶。作为支付管理费用之原因，为广泛的管理行为，即可是法律行为又可以是事实行为，这与遗失物拾得人的保管、通知等特定行为显然不同，后者受目的性与合理性的牢牢限制，无拾得人自由意志施展之空间。此外，就管理费用的范围来看，在“适法无因管理”下，不论本人利益是否有所剩余，对于管理人需要支付的“必要费用”以及“有益费用”，本人皆应支付，而拾得人之费用仅限于为原权利人恢复权属便宜而支付的必要费用，无所谓有益费用返回之问题。最后，由于遗失物制度直指特定动产，若原权利人自行计算所支出之费用与报酬大于所得利益又无特别情感因素的，大可抛弃原物，让与拾得人即可，可见遗失物所负债务系“对物不对人”，此亦区别于无因管理制度❷，如《阿根廷民法典》第 2533 条即规定：遗失物的所有权人得向发现遗失物之人让与该物而脱免一切报酬与费用之请求。

②财产变动问题上之区别

无因管理作为法定之债的发生原因，管理人在管理事务完毕后向本人交与管理事项时，应负担报告与移交管理事务的义务，包括但不限于管理之物的交回，但这仅仅是单纯占有之转移，所涉之物的权属从未发生变更，这也是债法与物权法的核心区别。债法仅仅规定给付之权利义务，并不当然仅依债之生成而发生权利之移转。遗失物归属问题中的拾得人对于遗失物之拾得在采纳遗失物归属“变动主义”的立法例下，体系上作为所有权变动原因之一，成为非依照法律行为而生物权变动的子类型之一，此也为遗失物拾得制度与无因管理制度的重大区别。

（五）遗失物归属变动方式之诠释

遗失物归属变动之方式其实在上文中对遗失物归属“变动主义”立法取向的正当性论证以及遗失物归属变动与相关民事法律制度的比较中已经可依稀得其要旨。从性质上看，遗失物归属变动方式为非因法律行为引起的物权变动方式，也即原始取得物权的变动方式之一。因为遗失物归属变动方式与其他原始取得方

---

❶ 王泽鉴：《债法原理》，北京大学出版社 2009 年 12 月，第 273 页。

❷ 其实《德国民法典》第 972 条，第 1001 条即体现此旨意，其第 1001 条第 1 款规定：“仅在所有人重新取得物或追认费用时，占有人才能主张费用偿还请求权。到追认费用时为止，所有人可以因返还所重新取得的物而摆脱该项请求权。”

式存在诸多区别，有其独立性，遗失物归属变动方式解释为动产物权变动的一种特殊方式。为更好的理解这种特殊的、独立的动产物权变动方式，应对其做进一步诠释，来理解其内部结构与归属变动过程。

有学者论及遗失物归属变动之原因时采纳了“二次拟制”之办法，将无人认领的遗失物归属变动解释为：遗失物拾得后经过一定期间之公告，所有人未为认领时，遗失物与无主物无异，故应准用先占之法例，使拾得人取得其所有权，其已付拍卖者，应将拍卖所得之价金交付于拾得人[1]。所谓二次拟制，即首先在事实上采取拟制，将经过法定公告期间而无人认领之物“拟制”为抛弃物，此为首次拟制；随后再准用民法中有关先占之规范，进行法律拟制，此为第二次拟制。但第二次拟制有不妥之处，如前文所述先占之取得，要求以所有之意思，占有无主之动产，方能取得所有权。其中“自主占有”是必要的，必须有将占有的动产归于自己控制的意思，即具有事实上欲与所有权人立于同一支配地位的意思[2]。这种“自主占有”的意思在遗失物拾得制度中却是“不适法”的：拾得人虽受民法保护享有报酬请求权或费用偿还请求权，在“拾得人取得主义”立法例下又享有取得遗失物归属之期待利益，但原则上不得自拾得时具有“自主占有”之意思，若其持此意思又从事客观之行为，甚至容易落于刑法中的侵占罪中。即便借助“拟制”之技术手段，将公告期满之无人认领的遗失物视为抛弃物，也不适宜将拾得人之“他主占有”之意思溯及解释为拾得遗失物时为“自主占有”，因为这种拟制性质上属于“引用型拟制”，即将公告期满后的遗失物拾得人之主观意思，拟制为自拾得时“自主占有”，来实现引用占有相关民事法律规范之目的。但“引用型拟制”应基于相同的价值判断，而由立法者对它们做相同的处理[3]。先占与遗失物归属变动之价值显有不同，先占制度较为纯一，其价值在于对“自主占有”意思下的劳动付出予以肯定，并借助所有权之赋予来稳定社会秩序；而遗失物归属法律制度的价值则是贯彻物尽其用原则，通过肯定与奖励拾得人帮助他人之行为来促成社会良好风尚的形成。正因为二者价值不

---

[1] 胡长清：《民法物权》，商务印书馆 1935 年 11 月初版，第 37 页。

[2] 崔建远：《物权：规范与学说：以中国物权法的解释论为中心.》（上册），清华大学出版社 2011 年 4 月版，第 243 页。

[3] 黄茂荣：《法学方法与现代民法》，法律出版社 2009 年 9 月第 5 版，第 201 页。

同，不宜采用“引用型拟制”之方法将遗失物归属变动解释为先占之效力。无论如何，拾得人的“他主占有”是遗失物归属制度中最为重要的主观方面，应予坚持与维护，即使在采遗失物“拾得人取得主义”之立法例中，拾得人获致之所有权也非基于“自主占有”之意思而取得的。

此外，还可能有一种技术性解释来说明遗失物归属变动之原因，即借鉴程序法中的“对物诉讼”之理论，将公告期满且无人认领的遗失物归属变动解释为一种拟制的诉讼，因为拾得人在找寻失主、保管遗失物、自行发布招领公告的过程中付出了劳动与努力，如果一国之立法赋予其费用偿还请求权与报酬请求权，那么这些正当的、受到法律保护的法益要获得实现，必须等待失主之出现；如果失主长期未出现，拾得人的上述请求权是没有归依的。这样，一种拟制诉讼的方案就可以提出，即拾得人以其享有的与遗失物相关的报酬与费用之请求权为诉由，针对公告期满未为领取之拾得物进行“对物诉讼”，遗失物的变价与归属变更成为一种强制执行之必然结果，这与广泛适用对物诉讼的海商法中通过扣船与针对船舶的诉讼来实现管辖与担保之目的相契合[1]。但是这种解释方案并不适用于遗失物归属结果的“拾得人取得主义”，因为依据此种解释方案，拾得人在此处取得的是通过强制执行程序获得遗失物交换价值之一部分，而非全部，交换价值之一部在于满足其费用与报酬请求权，而不是为了发生遗失物归属之变动，归属变动仅成为担保变价之附属结果。

与“对物诉讼”拟制解释理论相类似的还有拾得人留置权效力的解释理论。用留置权效力解释遗失物归属变动，指拾得人基于法律赋予的费用偿还请求权与报酬请求权而在遗失物之上享有法定留置权，若遗失物逾期无人认领，则拾得人基于其留置权得享有遗失物之变价权，以此发生遗失物归属之变动。但是各国对于留置权之效力存有争议，在德国与法国民法看来，留置权为债的留置权，或认为债务人基于与所负担债务之同一法律关系，对债权人享有已届满清偿期之请求权，于未受领给付前，得拒绝自己所负担之给付；或认为仅为双务契约上之同时履行抗辩权，此种留置权于债权未受清偿前对债务人的动产持有之留置为留置权的第一层效力。在瑞士与日本民法看来，留置权为物权性留置权，留置权人除享

---

[1] 沈达明：《比较民事诉讼法初论》，中国法制出版社 2002 年 6 月版，第 529 页。

有上述第一层效力外，更享有清偿期届满仍不获债务清偿而对留置物之变价权❶，此为留置权的第二层效力。就遗失物归属问题而言，对各国立法例之文义考察，拾得人之留置权似乎解释为第一层效力即为满足，拾得人在失主请求返还原物时得在其实现报酬与费用请求权之前留置遗失物。而且即便赋予遗失物拾得人享有留置权的第二层效力，其享有的遗失物变价利益范围也仅限于费用与报酬请求权，遗失物拍卖所得价值除去变价费用、保管与公告费用及拾得人报酬外的剩余价值之归属，仍需要判断。可见，用遗失物拾得人留置权之效力来解释遗失物归属变动之原因，亦有不妥之处。

综上，在有关遗失物归属变动方式的解释论中，有抛弃物结合先占的“二次拟制”、“对物诉讼”之拟制以及留置权效力三种不同视角的解读。这三种不同角度之解释中，后两种诠释因其逻辑不自洽且适用有明显之局限，应不予采纳，而第一种解读方式即抛弃物结合先占的“二次拟制”有其合理成分，应该取其精、去其谬，进行相关修正。

抛弃物结合先占的“二次拟制”中的第一次拟制，即将公告期满无人认领的遗失物视为抛弃物之拟制有其合理性，抛弃物之拟制从性质看属于一种“推定拟制”，推定拟制有两种情形，其一为当事人未为意思表示，而基于规范之要求，拟制有某种意思表示存在；其二将不明确之意思表示，拟制为有特定意思表示之内容❷。遗失物失主在法定期间内并未出现，本无表意，法律特将其拟制为有抛弃原物之意思。这种拟制符合物权效率原则且能避免遗失物之权属长期处于不安稳之状态，为无人认领的遗失物复归至正常财产秩序中，发挥其使用价值与交换价值提供了可能。基于上述理由，第一次拟制具有合理性。而“二次拟制”中第二次拟制——“占有的引用拟制”却因遗失物拾得人“自主占有”意思之缺失以及制度价值之不同而显得不尽合理，应不予采纳。其实无须借助先占，民法对于已经被拟制为抛弃物的遗失物，自可基于其资源分配功能予以再行分配，以确定无人认领的遗失物之归属。民法贵为规范市民社会成员行为的基本法律，除了指引行为以外，民法亦调整生活资源之分配，关注生活资源之分配是否合理以

---

❶ 姚瑞光：《民法物权论》，中国政法大学出版社 2011 年 6 月版，第 239 页。

❷ 黄茂荣：《法学方法与现代民法》，法律出版社 2009 年 9 月第 5 版，第 201 页。

及外表之行为对生活资源所引发的变动[1]。为发挥民法资源分配之功能，立法机关得考量特定之立法政策与目的，通过立法程序将处于非常态的资源予以重新配置，对抛弃物等资源再行分配，使其有所归属，发挥其使用价值与价值。当然，对此种资源分配功能之发挥，从适用范围到程序均应有严格限制，以避免其滥用权利危害私权之根本。但就无人认领的遗失物归属变动而言，不妨将其物权变动之方式解释为先对公告期满无人认领之遗失物拟制作抛弃物，再行发挥民法的资源分配功能，将遗失物分配给其他主体归属之，而发生权属变动，以此来更好地理解遗失物归属变动这种特殊的非法律行为之物权变动方式。至于遗失物归属变动的程序以及结果，需要进一步讨论。

第二节　遗失物归属变动程序

一、遗失物归属变动程序概论

（一）遗失物归属变动程序之内涵

如前文所述，遗失物之所以为遗失物，其本质特征在于虽脱离原占有但仍有其归属。而民法之所以平衡各方利益后仍允许遗失物归属变动，乃系本着物尽其用原则，将经过特定程序与期间之遗失物拟制为抛弃物，再行考量价值将遗失物重新分配给新的权利主体，以期遗失物重新恢复动产之常态，即发挥其使用价值与交换价值，并将其恢复至交易链条之中。不论立法例采遗失物“维持主义”抑或遗失物“变动主义”，都是主要针对无人认领之遗失物，而在遗失物归属变动程序进行之期间不能将其认为是无人认领之物，在上该时间段内，两种立法主义都本着尽力便利遗失人找寻遗失物之原则分配权利与义务，设立合理之机构与程序，以期遗失物尽量恢复到原权利人手中，维护财产秩序之静态层面。遗失物归属“变动主义”下采用的法律拟制手段更需要突出此程序的合理性，如不能尽力方便失主寻回遗失物，则遗失物归属变更之拟制就缺乏正当性的基石。所以本文所谓遗失物归属变动程序有两个层面的深刻含义，一为方便失主找寻遗失

[1] 曾世雄：《民法总则之现在与未来》，中国政法大学出版社2001年7月版，第6页。

物，并使得恢复占有为可能；另一方面它又是遗失物归属“变动主义”正当性的源泉，其中以通知程序、报告与送交程序、保管程序以及公告程序较为重要，下文详论之。

（二）遗失物归属变动程序的价值与功能

1. 遗失物归属变动程序的价值

程序开始于申请，终止于决定，整个过程有一定的条件、方式、步骤和仪式[1]，从法律学的角度，主要体现为一定的顺序、方式和手续来作出决定的相互关系。其普遍形态是按照某种标准和条件整理争论点，公平地听取意见，在使当事人认可或理解的情况下作出决定[2]。程序往往与实体相关，获致一种工具性的外在价值。所谓外在价值，是指某一事物达到或实现某一外在目的之必要或充分手段，此时程序之善（the good of procedure）取决于外在目的本身，只有程序所欲追求或实现的实体价值有正当性时，从程序作为手段或工具才能超越纯粹技术性意义的范围，成为伦理学意义的善（the ethical good）。但是程序除却满足实体的价值与目的外，更有其自身的价值，被称为内在价值，指某一事物自身所拥有的一些独立的内在优秀品质。判断此类价值的标准不再是它对于实现任何外在目的的有用性，而是它本身是否具有独立的善的品质。对于程序而言，内在价值有程序参与、程序理性、程序平等、程序效率等方面[3]。具体到遗失物归属变动程序问题上，就其外在价值方面，“尽力帮助遗失人找回原物”是遗失物归属变动程序从设立到运行均应贯彻坚持之目标；而在内在价值方面，由于遗失物归属变动程序受报告与送交机构的建制影响，立法对程序的要求与重视促进了现代服务性国家建构的施行与公共服务理念的渗透，这也是程序理性化的体现。此外，遗失物归属变动程序内涵的激励机制，同时体现了其外在价值与内在价值，通过报酬请求权抑或归属结果的预期，指引拾得人积极参与进遗失物归属变动程序中来，借着目标明确的理性化的程序，更有力地帮助了遗失人找回原物，恢复财产

---

❶ 季卫东：《法律程序的意义——对中国法制建设的另一种思考》，中国法制出版社 2004 年 11 月版，第 35 页。

❷ 季卫东：《法律程序的意义——对中国法制建设的另一种思考》，中国法制出版社 2004 年 11 月版，第 17 页。

❸ 陈瑞华：《程序正义理论》，中国法制出版社 2010 年 9 月版，第 135～136 页。

秩序的常态。

2. 遗失物归属变动程序的功能

程序对于法律秩序的作用主要表现在以下几个方面：第一，对各种主张和选择的可能性进行过滤，找出最合适的判断，决定最佳的方案。第二，通过充分的、平等的发言机会，疏导不满和矛盾，使得当事人的初始动机得以变形和中立化，避免采取激烈的手段来压抑对抗倾向。第三，排除决定者恣意决定的同时，又保留合理的裁量余地。第四，决定不可能实现皆大欢喜的效果，因而需要吸收部分甚至全体当事人的不满，程序要件的满足可以使其变得容易被失望者所接受。第五，程序参加者的角色分担具有归责机制，可以强化服从决定的义务感。第六，通过法律解释和事实认定，作出有强制力的决定，使抽象的法律规范变成具体的行为指示。第七，通过决定者与分担角色的当事人之间的相互作用来进行合理地选择，在一定程度上可以改组法律体系的结构，实现重新制度化，至少使变法的必要性容易被发现。第八，可以减轻决定者的责任风险，从而也就减轻了请示汇报、重审纠偏的成本负担❶。日本神户大学季卫东先生的上述论述以一种社会学的观点，统摄分析了立法、司法、行政、执法甚至调解程序的功能，有其原创的积极价值。程序的作用或者功能，可以简单地理解为程序的价值具体化进程与机制。就遗失物归属变动程序看，上述程序的第四个作用较为明显，一种公开的、合理的遗失物变动程序可以在一定程度上消解遗失人之失望情绪，毕竟程序事先给他提供了恢复占有的可能，提供了信息查询的平台和恢复占有的期间。此外，遗失物归属变动程序还起着证据性的作用，因为“遗失物”确实在社会生活中有可能被侵占者作为一种不法行为被发现时的“借口”，而这种可能亦可能伤害到真心帮助遗失人的拾得人，其可能面对遗失人有关偷窃或侵占的指责而百口莫辩。而遗失物变动程序的建制则提供了一种证据上的积极作用，报告与送交不仅免除了拾得人无穷无尽的保管义务，又提供了一种“善良动机”的证明，避免了没有必要的纠纷与扯皮。最后，在功能意义上，遗失物归属变动程序提供了遗失物恢复价值和复归交易环节的渠道，在价值与规范性论证的基础上，借助变动程序，遗失物归属主义方能确然实现。

---

❶ 季卫东：《法治秩序的建构》，中国政法大学出版社 1999 年 1 月版，第 36 页。

二、通知

（一）通知之界定

通知程序主要指拾得人拾得遗失物后，应通知遗失人、所有人或其它有受领权的人，在不知受领权人或受领权人所在不明时，应将拾得之事实报告有关机关❶。我国《物权法》第109条规定："拾得遗失物，应当返还权利人。拾得人应当及时通知权利人领取，或者送交公安等部门。"有种观点认为本条除了规定拾得人负有通知或移送义务外，亦包括对拾得遗失物法律后果的规定；该观点亦认为我国立法采信遗失物之不能取得所有权主义，规定拾得遗失物，应当返还权利人❷。此种观点逻辑上并不自洽，实际上，不论采纳遗失物归属"维持主义"抑或遗失物归属"变动主义"的国家之立法例均规定拾得人拾得遗失物后，如能通知遗失人的应通知遗失人。采纳遗失物归属"变动主义"之立法例，判定结果不论系归拾得人所有抑或归属国家所有，均属于一种价值判断，与拾得人之通知义务并无必然的逻辑关系。实际上，这种观点也得到立法机关一定程度上确认❸，更何况遗失物归属变动的正当原因就在于程序上应首先保证失主获得物归原主之便利，而通知程序则系一切程序的起始环节。

（二）通知义务的强度

在通知义务环节中，拾得人通知义务的强度实际上不是一个单一的问题，往往要考虑通知程序与后续程序的衔接。立法上可有两种选择，第一种为：若拾得人通过社会通常观念识别遗失物之原权利人，即所有人、使用人或借用人的，应通知原权利人；若根据遗失物之基本情况无从判断，遗失人不得而知时，拾得人再行报告有关机关且（或）送交遗失物于有关机关。第二种方法为：赋予拾得人选择权，拾得人得依据自己之判定而选择：或者依情况通知遗失人，或者直接将拾得之遗失物报告且（或）送交遗失物于有关机关。我国《物权法》第109

---

❶ 陈华彬：《物权法原理》，国家行政学院出版社1998年3月版，第442页。

❷ 最高人民法院物权法研究小组：《〈中华人民共和国物权法〉条文理解与适用》，人民法院出版社2007年3月版，第334页。

❸ 全国人大常委会法工委：《中华人民共和国物权法释义》，法律出版社2007年3月版，第245页。

条实际采纳了第二种方案，于本条第 2 款规定“拾得人应当及时通知权利人领取，或者送交公安等有关部门”。

在通知义务环节中，拾得人应坚持“从速”之原则，也即拾得人获悉失主或真实权利人时应毫不迟延地将情况通知原权利人。我国台湾地区民法 2011 年“物权法修正编”第 803 条即增加了从速通知之规定：拾得遗失物者应从速通知遗失人、所有人、其他有受领权之人或报告警察、自治机关。

三、报告与送交

在拾得人找寻不到失主或者找寻不到失主的确切居所时，民法通行的办法是规定拾得人应该将拾得遗失物的情况报告有关机关。但是，拾得人履行报告义务的同时，是否在程序上要实现将遗失物移交受报告机构，各国有不同的理解：有的要求在报告同时一并移交遗失物给该机构，如《阿根廷民法典》第 2534 条规定：发现遗失物之人不知谁为所有权人时，应将该物交给最直接的法官或当地警察，移交之日起，特定机构接受保管义务，启动公告、接受权利申报以及可能涉及的指定拍卖等程序；有的并不要求报告同时一并移交遗失物，报告仅仅系借助公共权力机构或者法官等司法机构予以备案，作为后续证据上的、法定期间起算上的、遗失物权属变更程序上的准备，拾得人依旧得自己保管遗失物，如遇到腐烂变质等紧急状况，得采取拍卖之手段，原权利人寻至遗失之物时，得顺势行使费用以及报酬（如法律允许）的留置权。此立法例如《俄罗斯联邦民法典》第 227 条第 2 款、第 3 款之规定：如果失主不明或所在地不明，则物的捡拾人必须向民警机关或地方自治机关报告拾得物的情况，但是捡拾人有权自己保管拾得物或者交给民警机关、地方自治机关或者它们指定的人保管。德国民法在拾得人报告但可不移交拾得物的态度上与俄罗斯民法一样，但是其亦规定了特定机关得发布命令创设拾得人向其移交遗失物的义务，一旦发出命令，拾得人有义务移交遗失物给该机关，但是移交本身不影响拾得人的费用与报酬请求权，而且在程序上，即便原权利人寻回遗失物，特定机关必须将取回事实事先告知拾得人；若无原权利人出现，则该命令亦不影响拾得人依法取回遗失物，成为遗失物新的所有人。

（一）送交遗失物自由主义与送交遗失物同时主义

如前文所述，拾得人在拾得遗失物后应尽速尽力找寻遗失人，但是如果遗失人不可得知或不知其居所时，拾得人如何行为又成为下一问题。各国民法一般规定，此时拾得人可以向有关机构报告拾得遗失物之事实，有些立法例进而要求拾得人将所拾得之物送交被报告之机构。如不能及时找到遗失人时，各国立法均要求拾得人予以报告，但在是否必须同时上交遗失物问题上，各国民法之规定有所不同。从比较法上看，有如下两种模式：其一，送交遗失物自由主义，指拾得人虽应报告拾得遗失物之事项，但不要求报告同时上交遗失物。如《德国民法典》第965条第2款即规定：拾得人不知道受领权人，或受领权人的居所地对于拾得人为不明的，拾得人必须不迟延地向有管辖权的机关通知该项拾得以及可能对查明受领权人为重要的情事。第967条规定，拾得人对于是否送交遗失物或遗失物拍卖所得于有管辖权机关之事项有选择权，除非有管辖权之机关发布义务性命令。其二，送交遗失物同时主义，此立法例指拾得人在报告拾得事项之同时，必须同时送交遗失物。如《日本遗失物法》第4条1款规定，拾得人须及时将拾得物返还给遗失人，或送交警察署长。《阿根廷民法典》第2534条规定，发现遗失物之人不知谁为所有权人时，应当将物交给最直接的法官或者当地警察。我国2007年《物权法》虽对此没有直接规定，但是在第109条规定拾得人应当及时通知权利人领取，或者送交公安等有关部门。对此应理解为报告与送交有关部门同时进行。

其实区分所谓送交自由主义与同时主义的实益有二，其一在于民法是否允许拾得人自行保管、拍卖与公告拾得之事项。在送交自由主义立法例下，拾得人得继续保管遗失物，当然亦因此负担保管义务，而且得在通报有关机关后依据遗失物之属性与情事行使紧急处置权——拍卖遗失物，并得继续保有拍卖所得价款，并可自行公告之。而在送交同时主义立法例下，拾得人在报告同时须一并上交所拾得之物，由特定机关尽速公告，并且拾得人无处分遗失物之权利，即便遗失物有毁损、灭失之虞，亦应由特定机关组织拍卖并保存其对价。其二，在于公告期间的起算点如何界定：送交自由主义立法例下，遗失人“失权”期间也即公告期间的起算点为拾得人报告有关机关时起算，如《德国民法典》第973条第1款规定向有关机关通知拾得后6个月届满时拾得人取得拾得物之所有权。而在送交同时主义立法例下，上述期间的起算期间自然应从招领公告发布之日起算，如我国《物权法》第113条规定：遗失物自发布招领公告之日起6个月内无人认领的，归国家所有。

（二）受报告与送交之特定机构

1. 受报告与送交机构之性质

受报告与送交机构，指拾得人在客观条件允许的范围内尽力找寻失主未果，而将拾得遗失物之情况报告或同时将遗失物送交时，受领该报告与遗失物的特定组织。虽称其为受报告与送交之特定机构，但其职能不限名称所指示之内容，该组织在接受遗失物之保管事项后，亦承担公告之职能，在法定期间经过仍无人认领时，有进一步处理之义务，或者通过买卖、变卖等手段将其价值送交国库等公法人所有或者在采拾得人取得主义下，有送还遗失物于拾得人之义务，更有拾得人抛弃其权益后承受遗失物利益之职责。

受报告与送交之特定机构本质上系国家基于法律规定而对市民成员提供的公共服务之特定职能机构。受拾得人之报告并受领其所送交之遗失物、保管遗失物、为一定形式之公告、送还遗失物等内容，虽然是私法上之义务，但义务机构依行为之性质为公共服务产品。此类公共服务产品之提供者为国家，具体实行者为特定机构。此者，与现代国家职能之进化息息相关，国家作为主权者，不仅具有传统之管理、军事等职能，越来越具有积极给付之义务，给付的内容主要就是社会公共服务产品，这亦是与人权或人之基本权利的现实性相辅相成的。法国学者狄骥走得更远，他认为，现代公法制度背后所隐含的原则，可以用这样一个命题来加以概括，即那些事实上掌握着权力的人并不享有行使公共权力的某种主观权力，而恰恰相反，负有使用手中之权力组织公共服务并保障和支配公共服务之进行的义务，除非他们致力于实现上述目的，否则他们的任何行为都不具有拘束力，或者政治上之价值❶。国家的此类给付职能于物权法领域主要体现有二，其一为不动产登记制度，其二即为遗失物归属制度。在前者，国家通过登记机关的登记行为“介入”市民生活中的不动产交易，主要目的在于维护交易安全，更好地服务于民事主体之间的不动产归属与流转秩序。不论登记机构为司法机构抑或行政机构，登记簿之推定力与公信力只能来源于主权国家自身❷。遗失物归属

---

❶ ［法］狄骥：《法律与国家》，冷静译，中国法制出版社 2010 年 5 月版，第 221 页。

❷ 李昊，廖钰：“不动产物权登记案件审理问题新论”，载《重庆大学学报（社会科学）》，2011 年第 25 卷第 7 期，第 57～58 页。

制度中，遗失物归属“变动主义”的正当性基础必须含有公告程序的事前法定性与权威性。法定性理论上是由立法机关考察市民社会物尽其用与鼓励互助之立法政策而通过民事立法实现的，权威性则无疑需要借助国家之权威。所以受报告与遗失物送交的特定机构可以是司法机关也可以是行政机关，但一定要属于国家提供公共服务之义务的具体承担者。此外，由于现代社会经济和社会高速发展，行政事务增加且行政职能不断扩张，有必要对某些技术性较强的、非经常性的服务业务进行授权委托。行政委托不等于法律、法规授权。法律法规授权，被授权组织是以自己的名义行使职权，并由自己对行使被授权行为负责，从而自己就是行政主体；而对于行政委托来说，受委托组织是以委托行政机关的名义行使职权，并由委托行政机关对受委托组织的行为负责，受委托组织不是行政主体，行政主体是委托行政机关[1]，即便具体的受领机构表现为“遗失物招领中心”或“失物招领处”等形式，义务与责任的担保主体要追溯到授权的组织或机构。最后，不论具体承担“遗失物法”义务的机构为司法机关还是行政机关，甚至是借助行政委托之特定机构，性质上均属实现国家提供公共服务之职能的特定机构。之所以不遗余力地强调此种性质，在于不论特定机构为何，均不得因其受领、保管、公告行为而获致任何利益，建构机构，配置人员与资源，实现尽力救济遗失人是国家不容推辞之义务，不得因此公共服务在财政支持外而另行向市民成员收取任何费用，即便在遗失物归属制度中采纳类似国家取得主义等公法人取得主义之立法例下，其合理性与正当性也不来源于受招领与送交机构的法定义务的履行。

2. 受报告与送交机构之建置

从比较法上来看，受报告与送交机构可以为：遗失物拾得所在地之地方法院、警察机关（地方治安官）、地方自治机关或机关意义上的地方行政长官、前苏联的劳动人民苏维埃执行委员会（类似村委会）。这些机构的建置与选择并非完全是理性选择使然，习惯与社会生活条件甚至政治制度起着更大之作用，但就遗失物归属变动主义立法例下的受报告与送交机构建置来言，因其涉及私权之权属变更，而且所涉机构有拍卖、变价遗失物、送还遗失物于拾得人之可能，逻辑

---

[1] 姜明安：《行政法与行政诉讼法》，北京大学出版社 2005 年 1 月第 2 版，第 145 页。

上配置司法机关与机构为受报告与送交机构更为合理。但考察遗失物相关立法之本旨，不论遗失物拾得人取得主义抑或遗失物公法人取得主义，都在尽力帮助遗失人寻回原物之宗旨上具有高度一致性，那么方便遗失人在所遗失动产及其生活居所附近寻回遗失物无疑比法律逻辑上自洽更具社会生活意义。比如有关遗失物专门立法较为成熟与成功的《日本遗失物法》规定受报告与送交之机构为警署，这与日本警署及其派出机关广为分布有关，而且在日本社会，市民从小就有将拾到之遗失物与发现之小动物送交给警署的习惯，这反过来促使原权利人遗失动产后首先想到去警署找寻遗失物之线索，这些习惯养成在实践理性上优位于形式理性。其实在受报告与送交机构建置与选择上，还是要着眼于立法目的之满足，相关机构职能之实现能力。我国2007年《物权法》在受报告与招领机构问题上一直沿袭“草案五稿”、“草案六稿”之方法，规定为“公安等有关部门”。应该说“有关部门”之表述虽然为法律之适用留有空间与余地，但显得不太适宜，毕竟法律规范具有指引功能，极端不明确之语义应该尽量避免。此外，有学者，提议构建遗失物收集、管理和拍卖的统一平台指出遗失物丢失后就产生了信息不对称的问题。遗失人不知道遗失物遗落到何处、谁人拾得，拾得人不知道遗失物是谁人所有、如何归还。为了实现拾得人与遗失人之间的信息交流，需要由具有唯一性的（而不是多元的）遗失物管理机构进行有效运作，在拾得人与遗失人之间构建一个信息聚集点，能够有效促进二者的信息沟通❶。笔者认为，在我国受报告与送交遗失物之机构的建置与选择问题上，应该考虑下面几个因素：1. 能否在职能上满足提供保管遗失物之场所，提供遗失人找寻遗失物之信息平台，即要考虑机构的物质能力与条件。2. 能否在地域上覆盖我国广袤之领土，在分布上适应我国现有不太合理的城乡二元化的格局。3. 能否具有一定之权威，因为涉及遗失物之紧急处置以及无人认领时的拍卖与变卖。考虑以上因素与我国的社会现实，笔者认为应该摒弃“有关部门”之不明表述，应同时认可公安部门及其派出机构以及基层民主自治机构为受报告与送交机构，毕竟在实际生活中，公安部门、街道办与村委会在一定程度上可以满足上述三个要素。但是上述部门与机构在受报告与送交有关遗失物事项时，属于履行服务性行政，绝非管理型行政，

---

❶ 魏建，彭涛：《财产的最佳利用与遗失物制度的法律选择—遗失物制度的法经济学分析》，载《广东社会科学》2008年第4期，第38页。

不得在保管、拍卖遗失物的过程中受有利益，因为这种服务性行政在于提供公共产品（在遗失物归属制度中就是受报告、受送交、接管保管遗失物等服务性产品），应该满足公民利益至上❶。

四、保管

（一）概述

拾得人拾得遗失物后成为遗失物之占有人，于有受领权之人认领前，或交存于警署等特定机关以前，拾得人应妥善保管遗失物。所谓保管，即占有人对标的物加以管领而维持其原状的行为❷。拾得人的保管行为受民法规定，依法应履行保管义务，这主要体现作为保管人的拾得人就遗失物应履行的注意义务。该注意义务具有重大的法律意义，拾得人履行与否不仅决定了他的报酬请求权以及对遗失物的期待利益能否实现，而且关系到拾得人就其不当保管行为所致的遗失物毁损、灭失是否应承担损害赔偿责任。

（二）拾得人之注意义务

1. 拾得人注意义务之界定

拾得人拾得遗失物后依法应承担保管义务，妥善保管遗失物。但是如何确定拾得人是否尽到了妥善保管遗失物的义务，往往难以从正面判定，故民法一般采反面立论，通过考察拾得人是否尽到了相应的注意义务，是否应对遗失物的毁损、灭失承担赔偿责任来界定其是否已然妥善保管了遗失物，而行为人负有注意义务是确定其对疏忽造成的损害承担法律上的赔偿义务之必要条件❸，所以为了判别拾得人保管义务的履行情况以及判断遗失物损害赔偿责任的构成，应对注意义务予以重视。对于遗失物归属法律制度中的拾得人之注意义务的内容与强度，各国民法之规定并不相同，分为若干种类。

---

❶ 应松年，马庆钰：《公共行政学》，中国方正出版社 2004 年 1 月版，第 15 页。

❷ 邱聪智：《新订债法各论》（中册），中国人民大学出版社 2006 年版，第 271 页。

❸ 张新宝：《侵权责任构成要件研究》，法律出版社 2007 年 3 月版，第 455 页。

2. 拾得人注意义务的种类

（1）有偿受托人之注意义务

有偿受托人的注意义务又称"善良家父"之注意义务，即受托人应负担善良管理人的保管义务❶。所谓善良管理人系指思虑周密而富有经验之人。采有偿受托标准之立法例如《阿根廷民法典》第2531条规定："发现遗失物之人，不负拾取的义务；但该人如果拾取，则在物处于其权力之下时，应视同依其照管而收受报酬之受寄人而负有义务"，之所以采有偿受托人之标准，盖因在此种观点看来，拾得人享有费用偿还请求权之同时还享有报酬请求权，此点与有偿受托人无异。

（2）无偿受托人之注意义务

在无偿受托合同中，为平衡受托人之权利义务，一般认为受托人仅承担具体的轻过失责任，即其只承担与处理自己事务为同一程度的注意义务（Sorgfalt, die der Schuldner in eigenen Angelegenheiten auzuweden pflegt）❷，此标准下的责任之构成为具体过失，因行为人的性格、知识、经验不同而不同❸。若采此标准，拾得人之保管行为即使未尽到善良管理人之注意义务而仅采与处理自己之事务相同的注意时，便不承担遗失物的损害赔偿责任。

（3）"社会一般人"之注意义务

所谓社会一般人之标准，即要求保管人仅负担最轻的注意义务——社会一般成员之注意义务。从赔偿责任的构成看，若采"社会一般人"之标准，保管义务人仅在有故意或重大过失时方承担其所保管遗失物的损害赔偿责任。

3. 我国法律中拾得人之注意义务

我国2007年颁布的《物权法》第111条规定："拾得人在遗失物送交有关部

---

❶ 邱聪智：《新订债法各论》（中册），中国人民大学出版社2006年版，第277页。

❷ 当然这种自己事务上应尽的注意义务标准也受到质疑：即其违背情理地迫使债务人证明自己在通常情况下为非通常之人，而债权人则反证债务人系通常者的典范。学者指出"自己通常注意"这一标准背后蕴含着一种理性的想法：无偿保管人等不应当因为他人的物品而被迫做出特别谨慎的行为，但其对待他人物品的态度，亦不能劣于对待自己物品的态度。参见［德］梅迪库斯：《德国债法总论》，杜景林，卢谌译，法律出版社2003年6月版，第245页。

❸ 曾隆兴：《详解损害赔偿法》，中国政法大学出版社2003年10月版，第57页。

门前，有关部门在遗失物被领取前，应当妥善保管遗失物。因故意或重大过失致使遗失物毁损、灭失的，应当承担民事责任。”可见我国民法对拾得人之注意义务采“社会一般人”之标准，仅在保管义务人存在故意或重大过失时，方承担损害赔偿责任。其实保管义务人对遗失物注意义务之标准并非一个孤立的问题，其与整个遗失物归属制度息息相关，尤其要考虑拾得人权利与义务的平衡，既要维护原权利人即遗失人之利益，毕竟妥善保管遗失物是其恢复遗失物占有的前提；又不能给拾得人设置过重的负担，鼓励拾得人帮助遗失人的同时亦要减轻其后顾之忧。在不承认拾得人对遗失物享有期待利益以及报酬请求权之立法中，拾得人的注意义务宜低不宜高，自属当然。

（三）保管人的紧急处置权

1. 保管人紧急处置权的含义

所谓保管人的紧急处置权系指因遗失物之特质或具体情势而赋予保管义务人对遗失物采取拍卖等变价措施，以保存遗失物之价值并以变价之价款代替遗失物的权利。如《德国民法典》第966条第2款规定：物有腐败之虞或保管费用过巨的，拾得人可以将该物公开拍卖。拍卖前，必须通知有管辖权之机关，并以所拍卖价款代替遗失物。而我国2007年《物权法》第111条仅规定了拾得人与有关部门对遗失物的保管义务以及损害赔偿的民事责任，并没有对保管人的紧急处置权作出相关规定。

2. 保管人紧急处置权的行使

保管人对遗失物之紧急处置权的行使应严格限制，不仅因为遗失物变价本身会有费用等价值贬损发生，亦可能严重损害失主的利益。如若遗失物系原权利人具有情感价值之物，不论拍卖价款为何，均难弥补。故而在赋予保管义务人紧急处置权的同时亦应规定其行使权利的程序与限度，如设立通知或同意的前置程序以及对拍卖机构与人员资质有所要求等。

有的国家对拾得人在遗失物自行保管期间的紧急处置权的规定过于宽松，并不要求报告有关机构，亦未规定要予以公开拍卖等方式；对于允许紧急处置的客观状态也规定的过于广泛，如《俄罗斯联邦民法典》第227条第3款第2项规定：易坏物品或者保管费用高得与其价值不相称的物品，可以由捡拾人销售，并取得证明其销售金额的书面证据。拾得人在处置遗失物时过于宽松，也缺少相应的限制程序，有所不妥。法律允许对遗失物进行拍卖等处置本质上还是基于遗失人的利益考虑，这与无因管理中“为了本人利益计算”的主旨相类似，尽量避免遗失物价值的贬损是紧急处置制度的根本功能。保管费用过高的标准显然不应该由拾得人来衡量，因为他完全可以并且应该在自己保管不便或费用过巨的情况下移交遗失物至有保管经验的专门从事失物招领的特定机构。以笔者愚见，对遗失物的紧急处置权应设置报告与送交特定机构的前置程序，如非情势急迫，拾得人不得擅自行使，而应交由受领送交遗失物之特定机构，由其行使处置权为妥。

五、公告

（一）公告环节概述

公告作为遗失物归属变动程序的一个必要环节，一般指受报告与移交的特定机构将遗失物之种类和性质等信息通过公告板、报纸等媒介予以公开的活动。

对于公告之主体，考虑费用的计算便宜以及事后纠纷的避免，立法似不应倡导拾得人自行公告，若拾得人难寻失主或无法通知失主，应报告并送交遗失物至有关机关，由特定机关进行遗失物之招领公告。对于公告之内容，应以使原权利人得辨识其所遗失之动产为足，如将遗失物的种类与性质进行描述以及物件被拾得之时间及地点等❶。但公告之内容亦应有限度，若公告之事项过于具体且充满细节，则容易导致遗失物被人冒领。

（二）公告之效果

在遗失物“变动主义”立法例下，公告除了具有帮助遗失人方便查询及取回遗失物之功能外，公告期届满亦产生法律拟制遗失人放弃遗失物的效果，此时遗失物经法律拟制成为无主物。此种拟制必须经由与登记制度相类似的、具有公示功能之公告来完成。因为物权与债权具有根本之区别，一个是“我”与一切人的法律关系，它拘束着整个世界，另一个是“我”与相对人的法律关系，它拘束着某一特定的人。但是，事实也许是我与物的关系并未拘束着所有的人而仅仅拘束着知情的人，用法律术语表示就是受公示的人以及能够知情而被推定公示

❶ 参见：《日本遗失物法》第7条之规定。

的人[1]。查抛弃之法律属性为单方法律行为之一种，因其原则上是一种仅由一个人即可单独有效从事之法律行为[2]，且其行为仅直接涉及的是这个人的权利领域，所以不需要他人受领该意思，故而抛弃行为的性质应属于单方处分行为。而法律借助公告拟制失主抛弃遗失物，必须使公示得满足抛弃之构成。如上所述，作为单方无需受领之处分行为，抛弃所有权无论明示、默示均可生效，但须满足：①抛弃人主观上应有抛弃之意思，②客观上须有放弃动产占有的行为[3]。而遗失物在性质上属于脱离占有之物，其与抛弃物的主要差别在于不存在抛弃所有之意思，故而如何拟制一个不存在的抛弃权利的意思成为讨论之重点。公告如欲拟制此意思必须要满足尽力公示之任务，在遗失物拾得之地域通过广而周知的媒介手段将遗失物的情况予以公告，且须满足一定期间内持续或者连续公告。若无此一定期间内之公告，所谓拟制抛弃之意思显为失当。笔者认为应充分发挥互联网络之作用，尽量建立统一化之失物招领网络，借助数码视讯等功能，在法定期间内将遗失物之外部特征与拾得之相关事宜公告之[4]。理论上，遗失人越能方便找寻遗失物之线索，此种拟制抛弃之技术处理越具正当性。

六、遗失物归属变动与无主财产认定特别程序

（一）我国民事诉讼法上的无主财产认定特别程序

所谓无主财产认定特别程序系指根据我国民事诉讼法的规定，人民法院审理认定财产无主案件时所采用的特殊民事审判程序。所谓“认定财产无主案件”是指人民法院根据公民、法人或者其他组织的申请，依照法定程序，将某项归属不明的财产认定为无主财产，并将其判归国家或者集体所有的案件[5]。

无主财产认定特别程序相对于民事审判的普通程序、简易程序有其特殊特性，如无原告与被告、一审终审、原则上采独任制、审判监督程序排除、审限较

---

❶ ［英］劳森，拉登：《财产法》，施天涛译，中国百科全书出版社 1998 年版，第 3 页。

❷ ［德］卡尔·拉伦兹：《德国民法通论》（下册），谢怀栻译，法律出版社 2002 年 12 月版，第 432 页。

❸ 王利明：《物权法论》，中国政法大学出版社 1998 年 4 月版，第 188 ~ 189 页。

❹ 唯应注意，公告内容的设计除了要帮助遗失人识别外，也要注意保留有人认领时对申请人辨别有必要的信息。

❺ 张卫平：《民事诉讼法》，法律出版社 2009 年 1 月版，第 401 页。

短等特征。就无主财产认定特别程序的适用范围看，我国2008年实施的《中华人民共和国民事诉讼法》（以下简称《民事诉讼法》）第15章第5节“认定财产无主案件”的三个条文看，并没有对案件的适用范围作解释，亦没有对无主财产进行界定，2012年修订后的《民事诉讼法》第191至193条也并未对原规定作变更。但在我国民事诉讼法学界看来，无主财产认定特别程序既可适用于不动产，如涉及土改、房改等原因导致的所有人不明之房屋，又可适用于动产，包括所有人不明的埋藏物、隐藏物与遗失物；既可适用于物，如上述动产与不动产，又可适用于物的集合——“财产”，如无人继承又无遗赠的遗产❶。

（二）无主财产认定特别程序的主要问题

1. 无主财产认定特别程序的申请人动力不足

如采纳民事诉讼法理论中的纠纷解决说理论，民事诉讼之目的在于解决法律上之争议。为了真正达到此目的，民事诉讼法理论上要求当事人对所提起之诉具有“诉的利益”，即法院对该诉讼请求做出判断的必要性和实效性。具体而言，给付之诉、确认之诉与形成之诉具有各自的“诉的利益”。就无主财产认定特别程序而言，难谓确认之诉与给付之诉，因其申请既不涉及确定申请人相关的法律关系存在与否，又不涉及作为与不作为的给付义务，而仅得勉强称其为变更之诉，即将权利人不明的既有之财产归属关系变更为国家与集体明确所有的新的财产归属关系。如是依据法律之特别规定，申请人方获得了形成之诉的“诉的利益”。但在一般的形成之诉中，由于原告往往享有形成权之实体权利，形成权之行使得实现自身之利益，故原告往往会积极主动地行使；而在无主财产认定特别程序中，申请人对此无主财产归属之变更毫无利益可言，缺乏启动程序适用法律之原动力。故而，实践中，由于缺乏诉的利益，就遗失物适用无主财产认定特别程序之情形并不多见；但不乏就无法定继承人又无遗赠之遗产启动特别程序的情形，如上海曾发生过某房管所就房主死亡又无法定继承人之房屋向人民法院申请认定无主财产，在法院公告阶段，房主的侄子依据《中华人民共和国继承法》（以下简称《继承法》）第14条对遗产提出主张，法院审核后终结特别程序的案

❶ 江伟：《民事诉讼法》，高等教育出版社2008年8月版，第401页。

例[1]。但在此类案件中，由公权力主体启动民事诉讼程序变更私产之归属实在不符现代法治的宪政原则与私法自治精神，也容易产生权力滥用与以权谋私之怪相。

2. 无主宣告判决的效力缺乏统一性

在我国无主物认定特别程序中，即使人民法院经审理认定涉案财产为无主物并依法判决宣告后，国家或集体并不能依据无主宣告判决终局性地获得无主物之所有权，原财产所有权人得在诉讼时效期间内请求法院撤销原判决以恢复其财产所有权[2]。2012 年修订的《民事诉讼法》第 193 条之规定导致依据无主财产判决宣告后收归国家或集体之财产并不构成真正之“所有”，无主财产的最终归属取决于原权利人是否存在以及原权利人是否在所谓诉讼时效期间内申请法院撤销原判决。如是将导致无主财产宣告判决之效力处于一种不稳定之状态[3]，且损害了物权法的安定秩序，涉案之无主财产的归属将长期处于未定之局面，制度上作如此安排，既无必要亦有其害。

（三）遗失物归属排除适用特别程序

如上所论，我国民事诉讼法上的无主物认定特别程序有其固有的制度性不足。一方面申请人要付出诉讼费用以及时间成本，利益明显失当，即便法院受理申请并依法判决为无主物，公民适用该特别程序的最终效果也仅为“判决认定财产无主，收归国家或集体所有”，立法对公民潜在的道德要求似乎过高，其效果也表现为公民如遗失物之拾得人直接对该程序不予理睬，弃之如无物，从立法成本上看，显然是一种立法资源的浪费。另一方面，在无主物认定特别程序中，诉讼时效期间内原权利人得请求法院撤销无主财产宣告判决，并要求国家或集体返还财物，且得主张“如已经损失，给予适当补偿，原财产不复存在，按原财产实际价值折价返还”。这不仅严重动摇物权归属的安定秩序，徒增物权秩序的不稳定因素，还会带来进一步的成本浪费（国家与集体承担了保管与变价之费用后，

---

[1] “潘某诉上海市某区某房产管理所遗产纠纷案”。

[2] 参见《民事诉讼法》（2012 年修订）第 193 条。

[3] 注意无主财产宣告之判决与宣告失踪、宣告死亡判决之区别，后者由于关涉到人的主体资格与权利能力存续，就法价值而言，优位于裁判之稳定性，故法律允许被宣告失踪、死亡之人申请撤销有其合理性。

又丧失了物的所有权，还可能面临损失赔偿之风险）。

实际上，在《物权法》所规定的“遗失物归属变动程序”与《民事诉讼法》中的“无主物认定特别程序”并存的双轨模式下，已经给理论与司法实务界带来了诸多困惑，如有学者认为遗失物拾得后经公安机关招领公告满一定期间后即适用无主财产认定特别程序❶，而有些地方政府规章直接规定“遗失物自发布招领公告之日起在法定期限内无人认领的，上缴财政部门依法处理”❷。

（四）小结

为了正本清源，节约制度成本，维护物权安定之秩序，应该认为遗失物归属变动并不适宜适用我国《民事诉讼法》上的无主财产认定特别程序，我国《物权法》实际构建了独立的遗失物归属变动程序，即上文所述的报告、送交、保管、公告等进程。遗失物或准用遗失物规则以外的“权利人不明之财产”可以继续适用无主财产认定特别程序，但有必要对无主财产认定之特别程序作制度上之改革，以激活其制度价值，真正能在实践中得以适用。

第三节　遗失物归属变动结果之判定

一、遗失物归属变动结果判定概论

（一）遗失物归属变动结果判定的含义

所谓遗失物归属变动结果之判定，承接前论，是指在遗失物归属“变动主义”的立法取向下，民事法律规范重新确定经由一定程序、经过一定期间而仍无权利人寻回的“无人受领的遗失物”归属之过程，只是该过程已然经由立法程序内嵌于民事法律规范中，所直接呈现的是民法关于无人认领的遗失物归属所作结果性质的处理，明确规定其新的所有人。从比较法上看，这个新的所有人可以是自然人，也可以是国家等公法人。立法中关于无人认领的遗失物归属所作结果性质的不同处理，又同时构成了遗失物归属变动结果判定的不同类型。

---

❶ 姚红：《中华人民共和国民事诉讼法释义》，法律出版社，第272页。

❷ 《武汉市人民政府关于印发武汉市拾得遗失物管理规定的通知》第12条。

（二）遗失物归属变动结果判定的类型

1. 拾得人不完全取得主义

"拾得人不完全取得主义"是指无人认领的遗失物原则上归于拾得人所有，但是拾得人取得的遗失物所有权上负有原权利人法定之不当得利请求权。此种类型之立法例，以德国法为代表。《德国民法典》（BGB）第977条规定：因拾得人取得遗失物所有权而丧失权利的人可以向拾得人依照关于返还不当得利的规定请求返还因权利变更而取得的利益，该项请求权在所有权移转拾得人经过3年后消灭，但是该时效因裁判上主张该项请求权而发生中断。唯应指出的是所谓"原则"上归拾得人所有，是指拾得人虽依法获得遗失物之所有权但亦有权放弃此权利而向有管辖权的机关抛弃取得拾得物的所有权，其权利此时移转给拾得地的市镇。遗失人亦得依据第977条的不当得利请求权向市镇机关请求返还遗失物。

2. 拾得人完全取得主义

所谓"拾得人完全取得主义"，是指法定期间罹过无人认领或原权利人不为认领时，接受遗失物交存的有关机关将其物或拍卖价金交与拾得人归其所有。对于拾得人而言，具有所谓的遗失物取得权[1]。若原权利人在法定期间罹过仍不明或者其不前来领取，则在"拾得人完全取得主义"下，拾得人原始取得遗失物之所有权，存于该物上之其他权利，均归于消灭[2]。拾得人"不完全取得主义"与"拾得人完全取得主义"在拾得人优位于其他主体得获致无人认领遗失物所有权上具有同一性，不妨合并称二者为"拾得人取得主义"。

拾得人取得遗失物所有权之法律根据，应解释为基于法律之直接规定，而为动产所有权之特别取得原因。拾得人完全取得主义的立法理由一般认为有二，其一：定纷止争，在于从速确定权利之所属而全其利用；其二，物尽其用，其物既由拾得人拾得，则归其所有，亦有鼓励恢复经济价值之机能。

在此立法例下，因为拾得人取得遗失物所有权属于依照法律规定的无意思表示介入的物权变动，故而拾得人取得遗失物的时间应为法律规定的公告期届满之日，理应无溯及取得产生，但是从拾得遗失物到上交遗失物的过程中获得的孳息

---

[1] 谢在全：《民法物权论》（上册），中国政法大学出版社2011年4月版，第245～246页。

[2] 谢在全：《民法物权论》（上册），中国政法大学出版社2011年4月版，第247页。

可由拾得人享有，理由为“因沉默丧失所有权者，亦因而丧失对物一切成分之所有权及因分立而成之自然物”。笔者认为，从“物尽其用”以及“从速定纷止争”之要求本身探究，就可得出拾得人溯及取得孳息的结论，大可不必费此周折。

再有，“拾得人完全取得主义”之立法，是否以拾得人“上交特定机关”为前置必要程序，不无疑问。公告事项毕竟可由拾得人自力为之，但考量外部现实，以及相关程序如拍卖、索回申报、报酬请求权与费用请求权实现之衔接，应以向特定机关上交为宜。也即若拾得人不得或不易找寻失主时，应向特定机关上交占有之遗失物，但并不丧失其期待利益、报酬请求权以及上交之前的费用请求权，并不免除在其保管期间可归责的遗失物的毁损灭失责任，仅免除上交以后的保管义务。特定机关负担公告之责，若失主寻至，须通告拾得人方便其取得报酬及费用；若无人认领或已逾期，特定机关自负“交与”义务，将遗失物交回拾得人，此为“上交”与“交与”互为对应。

3. 公法人取得主义

所谓“公法人取得主义”是指无人认领的遗失物原则上归于公法人所有，而拾得人不因其履行了通知、报告、送交、保管遗失物而获致其所有权，仅得在从遗失物拍卖、变卖的对价中获得报酬或费用，剩余价值归公法人享有。

公法人与私法人相对，是指以公共利益为目的，以提高政府效能、满足公众需要和改善公共福利为目的而设立之法人，国家、行政区域单位、国家机关以及一些国家的国有企业等均是公法人。公法人与私法人的区别主要在于法人设立或活动的目的不同。依公法设立的法人，由国家或公共团体设立的法人，与国家有特别关系并受其特别保护以及行使或分担国家权力或政府职能的法人，其设立或活动的目的都主要是为了社会的利益；而依据私法设立的法人，由私人设立的法人，与国家无特别利害关系以及不行使国家权力的法人，其设立和活动之目的主要是为了私人的利益❶。

“公法人取得主义”中最为代表性的为“国家取得主义”，主要代表立法例为苏俄民法与我国2007年《物权法》的相关规定。苏俄民法认为当拾得人将遗

---

❶ 江平：《法人制度论》，中国政法大学出版社1994年6月第1版，第41~42页。

失物交至民警局或村苏维埃后，其所设拾得物招领处应该保存交来的遗失物6个月，如果6个月内没有发现遗失东西的人，拾得物即无偿地收归国家所有。遗失东西的人如果在6个月期限届满后出现，既无权要求返还自己的东西，也无权索取赔偿费❶；我国2007年《物权法》第113规定遗失物自发布招领公告之日起6个月内无人认领的，归国家所有。除“国家取得主义”，“公法人取得主义”还包括由地方市镇机关取得无人认领遗失物的立法例，如《阿根廷民法典》第2535条规定，自最后告知之时起，在6个月的期限内，如果未出现合理证明之所有权人，则应在公开拍卖场所出售遗失物，在扣除管领费、保管费以及应向发现人支付的报酬后，剩余的拍卖价款归属于物之发现地的市政机关❷。《巴西新民法典》第1237条第1款规定通过报刊或布告公布信息60天后，如无人主张对发现物的所有权，应通过拍卖出售之，从价金中扣除费用以及对发现人的报酬后，剩余的部分应归于发现遗失标的之市镇所有。与“拾得人取得主义”立法例相类似，“公法人取得主义”亦属于原则性规定，拾得人的取得虽处于补充之地位，但亦有适用之可能，如《巴西新民法典》第1章所有权总论中以单独性条款规定：如果遗失物价值微小时，该市镇政府得抛弃此物，让它归发现人所有。由于“国家取得主义”在我国民法中已获致立法解释论上的确然地位，故而下文拟重点进行“国家取得主义”与“拾得人取得主义”之比较，但是在此之前，有必要对德国民法中特有的“拾得人不完全取得主义”进行单独研讨，因为这涉及依据“遗失物法”发生遗失物归属变动是否具有“法律上的原因”的讨论。

二、拾得人不完全取得主义——以《德国民法典》977条为中心

（一）拾得人不完全取得主义立法例

所谓“拾得人不完全取得主义”之立法特指《德国民法典》第973条、第974条、第976条构成的原则上无人认领的遗失物归拾得人所有，又特设第977条规定因上该三条丧失权利的人可以向取得遗失物所有权之拾得人、乡镇依据不

❶ ［苏］B. T. 斯米尔诺夫等：《苏联民法》（上卷），黄良平、丁文琪译，中国人民大学出版社1989年版，第243页。

❷ 应该注意到此种公法人取得主义的限制：程序上的拍卖要求；对拾得人费用和报酬的程序保障。

当得利之规定，请求返还因权利变更所取得之物。

（二）拾得人不完全取得主义失当论

拾得人取得遗失物之所有权的结果系民法之规定，也可以理解为拾得行为这个事实行为的法定效力使然，《德国民法典》第977条赋予原权利人不当得利请求权的做法有所失当，下文拟详述之。

1. 游离于类型化不当得利之外的拾得人不完全取得主义

虽然《德国民法典》第812条第1款对不当得利给予了一个模糊的一般性规定：没有法律上之根据，因他人之给付或以其他方式使他人受损失之方式获得某利益的人，有义务返还其利益。但是德国学者认为该条规定在表述上过于宽泛，甚至有学者认为就得利是否公平而言无法构造出一般性规则。借助类型化的体系思考模式，德国学者不断对不当得利制度进行类型化梳理，以求在适用法律时更好地把握其构成与效果。得到广泛认可而且被视为通说之类型化努力来自德国学者Ernst von Caemmerer，其认为人们无法构造出一般性之原则，而只能确定原告具有诉因之案例类型，基于前人之努力，他描述了不当得利的四种类型：①原告向被告提出了给付，在原告所追求之目的没有达到的意义上给付是没有法律根据的；②被告实施了侵害原告财产的行为；③原告所作之花费改善了被告的财产；④原告清偿了别人之债务，现在要求被告返还。在此基础上，德国学者与其继受者们将不当得利作了类型化处理，如下表：

类型化的不当得利制度

- 不当得利
  - 给付不当得利请求权
  - 非给付不当得利请求权
    - 权益侵害型得利
    - 其他非给付得利
      - 支出费用偿还不当得利请求权
      - 求偿不当得利请求权

所谓“给付型不当得利”指基于给付而生的不当得利请求权，其规范功能在使给付者得向受领者，请求返还其欠缺目的而为之给付[1]。“给付型不当得利”

---

[1] 王泽鉴：《不当得利》，北京大学出版社2009年12月，第26页。

的核心概念是给付，在一般情形下，给付被理解为有意识地、有目的地增加他人的财产。这种给予必须是有意识的，即必须承载一定之意思，没有意识的错误导致的获益与损失需要借助费用偿还不当得利请求权来实现。“给付型不当得利”中的给付还必须具有一定之目的性（Zweckrichtung），给付者必须是遵循一定之目的，一般的给予行为亦有此特点。《德国民法典》第 812 条中的“给付目的”将目的作为给付应有之内容，从而使给付包含目的之因素。此处的给付目的指给予原因的客观实现，给予人与受领人就给予达成目的合意需在客观上得以实现❶。实现了目的，则一般没有理由要求返还给付，该给付就是不得请求返还的；若没有实现目的，则牺牲是无所谓的，则法律制度必须借助不当得利制度❷。查遗失物归属变更主义下的“拾得人不完全取得主义”中的原所有人的不当得利返还请求权，与给予及目的无关，当然不能涵摄于给付型不当得利请求权下。

所谓“权益侵害型不当得利”，指利益取得人自己对他人之财产实施了侵害，取得人并未受到给付，而是自己取得其利益，如窃贼对偷盗之物的消费与变价，恶意占有人通过加工取得所有权，债权让与人在权利让与后受领债务人之给付，此种情形都适用于权益损害型不当得利。遗失物归属问题中，拾得人取得遗失物之所有权，系民法之直接规定，不存在侵害原所有人权益的主观目的与客观行为。

“求偿型不当得利请求权”指清偿他人债务，因不具备委托、无因管理或其他法定求偿要件而发生的不当得利请求权，如负担损害赔偿的义务人向受害人给付之同时，也免除了应当对此损害负同样赔偿责任的第三人的债务，则债务人对第三人的不当得利请求权可以是一种求偿不当得利请求权。所谓“支出费用不当得利请求权”指非以给付的意思，于他人之物支出费用。此种情况可见于误认自己为所有权人的占有人对物进行改进，对于给付而言，不是有意识增加他人之财产，受改进之物的所有权人并非自己从他人财产中拿走利益（区别权益侵害型不当得利），对该部分之费用进行补偿，是一种独特的不当得利返还请求权。遗失

---

❶ 田士永：《物权行为理论研究》，中国政法大学出版社 2002 年，第 407 页。

❷ ［德］梅迪库斯：《德国债法分论》，杜景林、卢谌译，法律出版社 2007 年 7 月版，第 523 页。

物归属问题中之拾得人取得遗失物所有权无所干涉第三人清偿与误认己物之情形，无适用“求偿型不当得利请求权”与“支出费用不当得利请求权”之余地。

2. 不当得利构成中之“损失”与遗失人所有权之丧失

不当得利构成中的损失（expense），并非抽象的、独立的损失，而是联系的、因果关系中的、相对的损失。只有在他人的资源被实际用以产生相关利益时，该利益才是以使他人蒙受损失的方式获得的，而遗失物归属之重新界定并非“手递手”之直接发生。如前文所述，无人认领的遗失物归属变动的真正原因在于法律权衡物权效率原则与鼓励互助之道德目的下，将经一定期间招领公告仍无人认领之遗失物拟制为原权利人之抛弃。抛弃之情形是在原权利人不存在意欲产生任何好处的情况下丧失其资源的，此时资源的原占有人本来就不再享有排他性的独占其资源及相关收益的权利，故而这种损失不属于不当得利法中的“损失”。

3. “无法律上之原因”与遗失物所有权之取得

不当得利构成中的无法律上之原因，系其制度的根基所在。但是对于其地位确曾有不同认识，有些学者认为不当得利之原因判定规则过于宽泛，在归纳层面并不正确，是一个错误值抽象❶。实际上即便有了法学家对于类型化不当得利的努力，在适用法律考察各个类型之构成时，仍然离不开对法律上原因或者正当原因的考量。以给付型不当得利为例，所谓的无法律上之原因主要是目的意思之不达或丧失，这与英美契约法中的约因以及民法中的原因理论一道，仍属于正义理论下位之抽象，并不能超脱法律上原因的正当性考察。

至于何者为无法律上之原因，反面思考该问题也即何为“得利之正当原因”。英美法学家曾经以衡平法原则中的公平原则为其解释，具体而言，更强调自由意愿之作用，他们认为一方受损、他方得利的财富转移是否真的以权利人的自愿为前提，或者财富之移转是否涉及不法行为，这些是判定公正与否、是否有法律上之原因的关键因素。而有些学者则认为应该借助亚里士多德的正义理论，以及后期的经院哲学家以及自然法学家以私权之本质目的来衡量得利的正当性问题。虽然在罗马法的学说汇纂中已经有了不当得利制度的一般表述：任何人不得

❶ Bernald Windscheid. *Lehrbuch des Pandektenrechts*, 7th edition. Düsseldorf, 1891, 421 n. 1.

以使他人蒙受损害的方式获得利益。但这仅仅针对的是“准私犯”之一些特别之案例，其真正作为债因与合同、侵权行为并列，还是源自16世纪后期经院法学派在重新思考亚里士多德之正义理论后提出的学说。亚里士多德的正义学说区分了两种正义，有关财富的守恒、劳动与报酬、损害与赔偿，亚里士多德称为“矫正正义”；与之相反，对不同的人按照比例之平等对待，按照承载能力征税，按照需要给予支援，按照功绩和过错给以奖惩和惩罚，则是“分配正义”。“矫正正义”至少涉及两个人，“分配正义”至少涉及3个人；“矫正正义”要求两个人彼此间享有同等的权利，而“分配正义”要求至少3个人中的1个得承受别人的负担，或者保障别人的利益，是其他人的上级；“矫正正义”是并列关系中的正义，而“分配正义”则在上下级关系中有效，前者是私法之正义，后者是公法之正义❶。后期经院学者依据亚里士多德之正义理论，认为“分配正义”是一种原始之正义，即财产应该分配给每一个归属。此外，他们还利用了亚里士多德对柏拉图关于财产应当公有的见解之批判，解释了人们如何应当拥有资源之原因。亚里士多德认为要是财产公有的话，人们就会有所抱怨，有的人少劳而多得，有的却多劳而少得。托马斯·阿奎那进一步指出私人财产权是一种正当之制度，因为它避免了亚里士多德提到的那些坏处。后期经院法学派以及自然法学派据此将理论延伸到确立私人财产权之核心在于防止纠纷，为人们提供劳动和照管资源的激励。这种对于财产权之正当性解读可谓“古典主义之目的论”，财产权的取得与维持的正当性完全在于是否满足两个伦理上的目的：①是否防止分享财产时发生争议；②为劳动和照管资源提供激励❷。

显然，据古典主义的目的论之正当性解释，无人认领的遗失物，拾得人的取得满足上述两个判断标准，因此具有正当性：首先，它将占有与所有脱离且在交易链条之外使动产常态化，使其得以发挥使用价值的同时避免了对其权属的无休止争议；其次，拾得人在尽到民法所规定种种的义务，确实已经尽力帮助失主寻回遗失物时，他对遗失物所付出之劳动与管理显然应该获得鼓励，故而拾得人依照《德国民法典》第973条、第974条的规定所获得的遗失物所有权具有正当

❶ ［德］拉德布鲁赫：《法哲学》，王朴译，法律出版社2005年3月版，第33页。

❷ ［美］戈德雷：《私法的基础：财产、侵权、合同和不当得利》，张家勇译，法律出版社2007年10月，第695页~698页。

性，并非“无法律上之原因”，因此不宜作为不当得利处理。

4. 小结

综上所述，《德国民法典》一方面原则上实行拾得人取得主义之立法例，又借助第977条规定了公告期满后出现之遗失物原权利人得在3年内行使不当得利请求权。笔者看来，有所不妥。这种不适当之立法在较为成熟的《德国民法典》中确实显得较为奇怪：一个非常讲求类型化适用之国度，却无法将第977条之不当得利划归到其已经构建的不当得利体系中；更何况，拾得人依据第973条、第974条取得遗失物之所有权是正当的、合理的，不存在“无法律上之原因”。因此，也使得《德国民法典》这种“拾得人不完全取得主义”在“法律移植之市场”毫无竞争力，并没有被广泛地借鉴与采纳。

三、我国遗失物归属结果的现状——解释论维度

我国《物权法》第113条规定：“遗失物自发布招领公告起6个月内无人认领的，归国家所有。”有学者在解释本条时认为：应按照遗失物是否与失主身份密切相关区别对待，原则上法律规定了6个月的期间，失主超越期限前来领取的，因为遗失物已归国家所有，故而丧失了领取遗失物的权利。但是同时认为，若遗失物是与权利人（失主）的身份或生活密切相关的物品，例如身份证、工作证、驾驶本、户口薄、护照相片等，则应考虑从实际出发，将遗失物归还权利人，但权利人要向保管人支付相关的保管费用。这种返还没有时间的限制，只要该物品还存在，都应考虑予以返还❶。这种解释脱离了《物权法》第113条之文义，因为本条明确规定了无人认领的遗失物归属于国家，法律并没有规定例外之情况。文义是法律解释的开始，也是法律解释的终点，法律概念虽然有多义性，分为核心领域（Begriffskern）与边际地带（Begriffshof），其射程之远近，应依照法律意旨而定，在边际灰色地带才容有判断余地，但不能超过其可能之文义，否则不为法律解释之范畴，而进入造法活动。尊重文义，为法律解释正当性之基

❶ 最高人民法院物权法研究小组：《〈中华人民共和国物权法〉条文理解与适用》，人民法院出版社2007年3月版，第343页。

础，旨在维持法律尊严及其适用之安定性[1]。这种区分遗失物性质而确定归属之解释，实无正当之基础，不论采用文义抑或体系解释之手段，均得不出上述结论。至于《物权法》第113条之规定也确有不妥之处：与遗失人身份密切相关之证件被判定属于国家所有实在有失合理，且对国库之增益毫无价值，但这种讨论已属规范论层面，解释上只能认为遗失人得依照其他法律、法规与规章补办而已，并无例外无限期取回之可能。

故而，从解释论之角度看，《物权法》第113条有关我国无人认领的遗失物之归属的规定系毫无弹性之“刚性”规定，无论何种动产，都因该条法律规定而产生物权变动，没有例外。此外，依据本条规定，遗失人丧失遗失物之所有权与国家取得遗失物之所有权应解释为同时，为公告期满后的6个月。至于何为“归国家所有”，有观点认为指“自公安机关收到遗失物发布招领公告之日起6个月无人认领的，遗失物归国家所有，公安机关可以拍卖、变卖遗失物，所得价金上缴国库[2]”，此亦为超脱法律文义之解释，《物权法》并没有对招领机关做确切规定，亦没有对“有权机关”经何种程序、如何收为国有做规定，应待《遗失物法》之颁布或其他相关法律补足之。

四、我国遗失物归属结果的应然结构——规范论维度

虽然2007年颁布的《物权法》已然确立了严格的无人认领之遗失物归属的“国家取得主义”，但是此举在实践中是否具有可操作性、当如何操作不无疑问，更何况由于我国《物权法》既没有赋予拾得人以报酬请求权，又在无人认领的遗失物归属问题上倾向于归国家所有，实不利于鼓励社会互助的高尚精神。而且，无人认领的遗失物的归属问题这一“微小”命题还关系到意识形态、民法中的“人”之假定以及“物尽其用”原则等重大命题，不可不察。故而本文拟从“应然”的立法论维度论证无人认领的遗失物归属判定的“规范性”问题，即“应该”把无人认领之遗失物判定为何人所有的问题。下文拟通过不同侧面

---

[1] 王泽鉴：《法律思维与民法实例：请求权基础理论体系》，中国政法大学出版社2001年5月，第220页。

[2] 全国人大常委会法工委：《中华人民共和国物权法释义》，法律出版社2007年3月版，第250页。

和角度的分析，对“国家取得主义”与“拾得人取得主义”进行比较研究，试图得出一个应然性视角的初步结论。

（一）遗失物归属变动结果与物权平等保护原则

在无人认领的遗失物归属结果的判定问题中，“拾得人取得主义”与“国家取得主义”的合理性比较上，首先有一个问题不能回避，“即国家取得主义”在我国是否享有优先地位，我国现行《中华民共和国宪法》（以下简称《宪法》）与《物权法》均沿用了主体三分的立法模式，以《物权法》为例，第五章规定了国家所有权、集体所有权与私人所有权。那么在社会主义初级阶段的我国，“国家所有”是否具有优先地位，是否在保护上以及同等条件之取得上，国家享有优先地位？下文拟就此问题展开讨论。

1. 计划经济体制中的物权区分对待主义

“物权区分对待主义”是计划经济与极“左”社会主义形态下的产物。从前苏联引入的所谓“经典的社会主义法学”观念认为，社会主义国家的所有权应当划分为三种不同的所有权，它们反映着不同的生产资料的社会化阶段。其中国家所有权反映着生产资料的最高社会化阶段，集体所有权反映着生产资料的一般社会化阶段，而个人的所有权则反映着私人占有生产资料的阶段。因此，以国家所有权为代表的社会化所有制代表着历史趋势，故应得到优先保护；而集体所有权代表的社会化程度不高，故应当得到一般的保护；而个人所有权代表的是不符合历史发展趋势的私有制，故应当被严格限制。正是基于这种意识形态色彩的分析，以前的社会主义国家在《宪法》和《民法》中均规定，不同主体的所有权处于不同的保护等级，其中国家的所有权当然处于绝对优先之地位。国家财产受到特殊保护与其取得上之优先地位表现为两个方面：其一，在国家财产和其他财产发生权属不明确的争议而不能判明其归属时，该财产归国家所有；其二，国家财产的返还既不受时效的限制，也不受权利人是否善意的限制❶。这种区分对待主义在物权法上集中表现为无人认领的遗失物、漂流物、埋藏物与隐藏物的国家取得优位之立法例上❷。

---

❶ 孙宪忠：《论物权法》，法律出版社 2001 年 7 月版，第 290 ~ 291 页。

❷ 参见《中华人民共和国物权法》113 条、114 条。

2. 物权的平等保护原则

所谓物权平等保护原则，系相对于“物权区分对待主义”而言，即对我国目前存在的公有制财产和私有财产所有权在法律上给予平等的承认和保护的原则，国家并不因为其国家之身份而享有任何优先之法律地位。

实际上，国家所有制并非社会主义国家独有，许多非社会主义国家有关国计民生与民族国家等重大利益中，均有国家所有之身影，这些国家所有应由立法机关衡量利益，颁布特别法律确立，而不是物权法之任务。物权法是规制市民社会成员之间财产归属与流转秩序的法律。只要进入市场经济与市民生活之环节，不问民事主体系国家、法人、非法人团体抑或自然人均享有同等的法律地位，这也是整个民法所要求的平等原则决定的，除非涉及公共利益并经由法定程序，国家不能侵占任何法人与自然人之财产。国家在日常经济往来中，以国库为责任财产，与其他市场主体享有同一地位。在物权取得和内容上，自与全部民事主体一道遵守物权法定原则，不能恣意更改物权之内容与效果。国家所有权受侵犯时，应依照民法规则，采纳物权请求权、占有请求权以及不当得利与侵权责任之手段恢复与维护之，不得径直发动国家机器采纳暴力救济手段。

3. 物权平等保护原则下的遗失物归属结果判定

在遗失物归属结果判定，即无人认领的遗失物归属问题上，依据上述物权平等保护原则，国家并不因其为国家而享有取得之优先地位。无人认领的遗失物归属判定的“应然性”分析中绝无因为国家系国家，故而优先享有遗失物的逻辑存在，此乃物权平等保护原则效力使然，也为我国 2007 年《物权法》第 4 条的应有之义。物权平等保护原则下如何实现《物权法》第 1 条中的“明确物的归属，发挥物的效用”之立法宗旨是立法规范遗失物归属判定结果首先要考虑之问题，因其体现何种生产资料所有制而具有保护与取得上之序位问题而并不是首先考虑何种性质的物权。

（二）意识形态与遗失归属结果判定

1. 意识形态概论

狭隘的观点认为意识形态总是反对现状，主张对现存秩序进行剧烈地变革，因此通常是好战的、革命的、暴力的。这种意识形态都以简单的词语表述，目的往往是乌托邦式的，通常对人类找到成功和幸福的潜能展现出极大的信心；这种意识形态源于理性主义，假定人们如果正确应用理性，大多数问题都可以迎刃而解；这种狭隘的观点将意识形态与保守主义相对，后者是一种反意识形态，希望捍卫现状并且抗拒改变，保守主义者拒绝关于人类理性乐观的假设❶。较为广义的观点将意识形态理解为一种有关问题、事项、假说的议程，核心在于理性思维与政治实践的互动关系，只要政治行动是由理智而非偶然的冲动所促动，便存在着意识形态❷。有学者借助拆分因子的办法描述性地概括了意识形态的五个特征：第一，虽然意识形态可能用于诸多背景，但其首先是政治意义上的概念；第二，意识形态包括了对现状的看法以及对未来的憧憬，往往未来之憧憬在物质上优位于现状，因为它提供了一种希望；第三，意识形态是行动导向的，提供了达成目标所必须实行的明确步骤；第四，意识形态是群众取向的，具有非精英的普遍主义倾向，因而通常用会简单的语言符号承载。基于同样的道理，意识形态之表述往往具有一种鼓动性——鼓动人们尽最大努力来达成意识形态所设定之目标❸。

2. 社会主义意识形态

（1）社会主义意识形态的革命性与进步性

①工业革命早期社会主义意识形态之先进性

社会主义意识形态出现于17、18世纪之交，它的产生与发展就是为了抗议资本主义对工人与一般平民所进行的普遍的严酷剥削。虽然工业革命带来了机械化的生产，并且以蒸汽取代了人力、动物力，极大提高了社会生产力水平，但是整个社会也因此发生了巨变：家庭手工作坊的生产方式被工厂体系所取代，随着私有制的演进，控制生产资料的资本家控制着土地、自然资源甚至劳动者本身，失地农民被迫进入工厂劳作，而当时的工厂环境极其恶劣，因为煤烟与粉尘的污

---

❶ Frederick Mundell Watkins, *The age of ideology: political thought, 1750 to the present*, Prentice-Hall, 1964, p. 55.

❷ Terrence Ball and Richard Dagger, eds., *Ideals and Ideologies*, 2nd, New York: Harper-Collins, 1995. p. 34.

❸ ［美］利昂·P·巴拉达特：《意识形态：起源和影响》，张慧芝，张露璐译，世界图书出版公司北京公司2009年12月版，第9~10页。

染与长期辛劳之工作，无数工人死于哮喘与肺结核❶。面对严酷的剥削与压迫，有些工人自发组织起来砸毁机器进行反抗，但遭到了资本家的血腥镇压。在这样的背景下，随着马克思主义的诞生，社会主义意识形态作为一种进步的、革命的意识形态被广大劳动者阶级视为启明灯，得到了广泛的传播与接受，并最终通过苏俄十月革命，获得了政治和军事上的保障。可以说，从历史的维度看，社会主义意识形态从诞生伊始，即作为一种社会正义与公平的象征，以一种反对早期资本主义严酷剥削与压迫的进步意识观念的姿态而呈现于世。

②现代社会社会主义意识形态之进步性

社会主义意识形态在工业革命早期，工人阶级反抗资本主义的严酷剥削与压迫时体现了非凡的革命与积极作用，在经济全球化之现代社会，亦体现出其革命性与进步性，可能再度被发掘出新的进步意义。主要可能有三个方面：其一，在人口膨胀与环境不断恶化的现代社会中，资源与人类需求之间的紧张关系越演越烈，全球性的环境问题与资源问题不是私人企业以及企业集团能解决的。社会主义公有制也许能提供另外一条出路。其二，面对金融与货币的新殖民主义的形成与弥漫，社会主义意识形态下的民族自觉与独立包囊了社会主义主权对货币政策与外汇政策的相对独立性，使得投机的金融资本侵蚀发展中国家实体经济得以节制，也使得发达国家借助金融工具转嫁经济危机的伎俩成为泡影。实践证明，以华尔街为代表的投机金融资本不仅侵蚀美国自己的也威胁整个世界的工业制造的实体经济。遏制恶意操纵与投机的国际游资成为世界性课题，而社会主义意识形态由于其特有的集体利益与工农阶层利益之考量，有其先天的进步价值。其三，随着全球化的深化，许多强有力的跨国公司实际上垄断了控制了许多资源，造成了许多社会问题：如人与人的分离与割裂，对受雇佣者的去个性化与剥削的加剧，使得社会主义意识形态领导下的工会与社会机构重新吸引了人们的眼球。

（2）极端与歪曲的意识形态之危害

以苏联为例，苏联虽然在苏共领导下取得了经济与政权建设的巨大成就，但是深受极端与歪曲的意识形态之害，脱离现实的极端集体主义、国家主义严重挫

---

❶ 有关早期资本主义工厂的恶劣环境，可参见：［美］利昂·P·巴拉达特著：《意识形态：起源和影响》，张慧芝，张露璐译，世界图书出版公司北京公司 2009 年 12 月版，第 163 页。

伤了苏联人民的生产积极性。这种极端意识形态下控制的官僚组织制定脱离社会实际的经济计划与绝对的产业政策，试图借助国家控制生产、交换与分配的所有环节，不仅造成了苏联轻重工业比例失调，而且严重损害了普通农民的利益，扰乱了城镇普通居民的日常生活，甚至不少地方出现了令人难以置信的悲惨境况，数以百万计人口无端死亡。我国也曾为极"左"的意识形态付出过惨重代价，鉴于历史上的经验与教训，我们应对立法、司法及执法过程中的极端与歪曲的意识形态予以警惕与剔除，为发挥社会主义优越性提供一个风清气正的法治环境。

3. 新型社会主义意识形态与遗失物归属结果判定

在《物权法》起草、制定甚至直到颁布的过程中，一直受到意识形态方面的非难。一些专家学者认为我国《物权法》没有突出国有资产的优先地位，是一部保护富人的法，对国有资产的流失与贪污腐败起了助长作用❶。这种批评反映了社会对丑恶现象的不满与愤慨，但明显具有偏颇意识形态的痕迹，而且忽视了物权法自身的规律与平等对待原则，也脱离现实——希望将很多复杂的社会问题与历史遗留问题集中到物权法中去解决。

社会主义意识形态具有革命性与进步性，代表了人类的理想与发展方向，法律作为上层建筑的一部分会受到意识形态的影响，但是法律人应有意识地识别意识形态在法治中的作用，应该坚持科学的、成熟的、理性的、以人为本的新型社会主义意识形态。

以人为本，就是以实现人的全面发展为目标，从人民群众的根本利益出发谋发展、促发展，不断满足人民群众日益增长的物质文化需要，切实保障人民群众的经济、政治和文化权益，让发展的成果惠及全体人民。中国共产党人提出的"坚持以人为本，树立全面、协调、可持续的发展观，促进经济社会和人的全面发展"这一新主张，深刻阐明了中国共产党人新发展观的本质特征，也体现了新形势下科学的社会主义新型意识形态的发展。新发展观明确把以人为本作为发展的最高价值取向，就是要尊重人、理解人、关心人；就是要把不断满足人的全面需求、促进人的全面发展，作为发展的根本出发点；就是坚持发展为了人民、发展依靠人民、发展成果由人民共享❷。同理，新型的社会主义意识形态亦应坚持

---

❶ http：//www. chinaelections. org/newsinfo. asp？ newsid = 45986

❷ 赵学清等：《科学发展观学习读本》，人民日报出版社 2008 年 1 月版，第 4 页。

以人为本，科学发展的思想观念。法律观念作为思想观点之一种，理应契合主流的、科学的社会意识形态。就物权法有关的立法、司法、执法等环节而言，如何落实与坚持以人为本的新型社会主义意识形态就显得格外重要。在第十一届全国人民代表大会第五次会议上的《政府工作报告》中，“切实保障和改善民生”，“民生优先”，“发展成果惠及全体人民”被多次强调❶，体现了以人为本与藏富于民的新型社会主义意识形态。

如果秉承以人为本与藏富于民之法意识形态，在判定有关无人认领的遗失物、漂流物、埋藏物、隐藏物的归属时，除了限制流通物、禁止流通物或属于文物等涉及公共利益之财产时，国家并无“取得上之优位”。特定动产的保值、增值，发挥其效用满足人之需要才是最为重要的。相对于不动产，动产价值较小，且一般不关系国民经济之命脉，如前文所述，拾得人取得无人认领之遗失物并不损害拾金不昧的道德规范，反而有助于鼓励良好道德之养成，而且遗失物归属结果的“拾得人取得主义”也符合以人为本的新型社会主义意识形态，理应采纳。

（三）激励机制与遗失物归属结果判定

1. 激励机制的必要性分析

（1）市民社会成员行为之引导与激励机制

①市民社会的抽象属性

私法作为市民社会的基本法，其社会生活条件的基础就是市民社会自身，这完全区别于乡土下的“熟人社会”。在乡土社会里面，出于小农经营的生产方式，在需要水利与安全的时候进行合作，通过血缘与继承关系，人口在一定土地上一代一代积累起来，成为相当大的村落。这种熟人社会保有地方性，往往生于斯而死于斯，常态的生活是终老是乡，故而在人和人的关系上也就产生了一种特色——每个孩子都是在别人眼中看着长大的，在孩子眼里周围的人也就是从小就看惯的，这是一个熟人社会，没有陌生人的社会❷。而在商品经济与市场经济下的市民社会显然不是一个熟人社会，而是一个抽象的社会。在这个抽象的社会里面，生活依赖“看不见的手”——市场通过分工基础上之交换连接起来。

---

❶ http：//news. xinhuanet. com/politics/2012lh/2012-03/15/c_ 111660147. htm

❷ 费孝通：《乡土中国 · 生育制度》，北京大学出版社 1998 年 5 月版，第 8 ~9 页。

②市场经济为主导的市民社会

市民社会以商品经济与市场经济为主要生产方式。在民法学者看来，极端的国家分配经济制度是与民法格格不入的。在前者之制度下，每个人都只被看做国家分配之受领人，他们的房屋、食品、衣服以及享乐用品都是依据具体行政行为取得。要实现这种制度，需要建立一套包罗万象的行政体系，而其缺乏效率的工作方式以及无法估量的巨额成本，会使这一制度无法运作。此外，这种制度也有损人的尊严❶。相反，在市民社会中，市场经济是重要的生产方式，生产资料的组合、生产过程的运转、利益的分配以及再生产的安排主要依赖市场的供求关系来进行，利益引导机制在市场经济中始终发挥着主流作用。

③个人与政治国家之间的市民社会

当市民社会与政治国家相对时，实际上这种使用本身就蕴含着有限政府的用意。绝对主义的国家理念下是没有市民社会的生存空间的，国家与公民成为群体与个体的最后划分。彻底的绝对政府与绝对国家理念下，公法和私法的界限，政治国家与市民社会的边界都不复存在，一切法律都被视为国家法，公法被界定为原初的、本来的、第一次的国家法，私法成为本属于市民社会但是因国家保护监督而成为第二次的国家法。这种提法虽然在理论上有一定的合理性，但是如果不配合民主宪政之制衡，极易形成集权与专制体制，导致本意是保护监督市民社会生活之目的蜕变为消散市民社会与意识自治的借口与工具。而在有限政府的理念下，市民社会与政治国家的边界就是公法与私法之边界，不管其边界有多模糊，边界本身是存在的。政府权力之来源是人们为了安全而转让出来的部分自然权利，政府的职能仅限于为人们的共同生活提供安全保障。个人在组成社会后，并未丧失全部权利而保留其基本的自然权利，这些自然权利作为个人的保留而被带入社会，构成社会权利，最基本的社会权利是生命、自由、财产权利，这些是不可转让、不可剥夺的，这样在现实世界中就形成了个人、社会、国家三个层级，个人之自由与福祉成为目的，国家成为手段与工具，社会成为保护个人基础权利而限制政府的“防火墙”。在这种使用中，市民社会不仅仅是商品经济生产方式与配套的交易制度，更有自由与平等的蕴意。唯应注意，政治国家与市民社会的

---

❶ ［德］梅迪库斯：《德国民法总论》，邵建东译，法律出版社2001年9月版，第142页。

这种分立，并不是人类发展长河中的历史性“描述”，毋宁说是一种理性的解读与政治导向的选择。如果专制与权力受到更多的重视与偏好，国家就会变成带有绝对理念的、超越法律的、优位于个人的“利维坦”。如果坚持“以人为本”，以个人之幸福与安全成为首要目的，必定存在一个自由的个人的集合——市民社会，这个社会及其社会权利的存在使得国家与公权力成为有限——不仅授权范围上有限，其目的与职能的具体实现亦受到限制，这也使得民主立法程序产生的私法有了其“公法”与“宪法”上的特殊意义。

④具有城市精神的市民社会成员

市民精神，又可称为城市精神，随着西欧城市的兴起而发展起来。西欧之所以是资本主义发源地，正是因为西欧同其他地区不一样，在这里最早产生了市民意识或城市精神。西欧中世纪城市从开始建立之时起，就表现为一种同封建势力相抗衡之力量，城市力求摆脱封建领主之统治，他们先争取自由，然后争取自治，最后争取自立，也即独立于封建势力之外。城市之居民形成了形形色色的团体，如各种手工业者组成的行会、商人们组成的商会。市民中包括各种各样的人，其中有手工业者、帮工、学徒、商人、小贩等。这些人统称为市民，他们不同于生活在城市中的贵族和教士，因为他们没有贵族的门第与特权，也不像教士那样具有特殊身份和特殊权利，只是普通的人。正是这些普通的人渐渐汇聚在城市这个庇护之所，有了一致的行动目标，形成了城市精神与市民精神。其中自由、平等、自治、自立以及保护私有财产，取消发展生产经营之限制正是市民精神的主要内容。自由反映的是他们能够彻底摆脱封建领主之束缚，平等反映的是他们能同城市中的那些出身高贵的人平起平坐，不受歧视。他们在生产经营过程中时常会受到各种各样之限制，有时还受到种种干扰，经营权也就成了市民精神主要的呼唤对象[1]。

⑤小结

正是由于市民社会经济层面上是商品经济之社会，制度上与精神上都以自由、自治、自立为核心，在这里，利益得到承认，也获得保护，财产与人格变得密不可分，组合在一起成为对抗特权与奴役之力量，故而在市民社会中，即便出

[1] 厉以宁：《资本主义的起源》，商务印书馆2003年版，第28～31页。

于道德风尚与政策的考虑，立法要发挥行为指引作用的时候也绝不能靠苛加义务与追求责任的方式实现，市民社会基本法——私法，主要以权利本位的面貌出现，虽然分工的细化又使得城市成员的生活互相联系起来，在同享市民意识基础上的互助行为也成为应有之义。但是互助风尚与道德的实现，如帮助遗失人找回遗失物，恢复其占用的“善举”，不能简单地依靠国家强制实现，因为拾得人的劳动与时间在市民社会里被视为一种应当鼓励与奖励的付出，拾得人对他的善举存在着正当利益，民法自应承认与保护。

（2）经济人、理性人之民法假定与激励机制

民法中的人是一个为着经济目的的经济人，是一个享有理想得以追求自己利益与目的并安排自己生活的理性人，这些特征既使得激励机制成为必要又赋予了激励机制以现实可能性。市民社会中自利自爱的经济人与理性人并非毫无利他之心，恰恰由于分工的限制，任何人都不能自食其力，他所需要的一切都来自于社会，他也必须为社会而劳动。因此，他对自己维系于社会的状态更是有着强烈的感觉：他已经习惯于估算自己的真实的价值，习惯于把自己看做市民社会整体的一部分，看做是一个有机体的器官。而就社会而言，社会已经不再把它的成员看做是可以任意摆布的物品，而是必不可少的合作伙伴，并对其赋予一定的责任。对于法律而言，恰恰要通过权利义务的调整模式安排一种实现互助团结的架构，使得这种架构既不超越对经济人和理性人的“期待可能性”，又体现着对市民社会道德的宣示与促进作用。无疑，无因管理制度与遗失物归属制度都属于民法中的这种框架，前者更强调牺牲与损失的恢复与平衡，后者更强调互助的激励与鼓励。

2. 遗失物归属法律制度中的激励机制

（1）遗失物归属法律制度中的激励机制一——拾得人报酬请求权

①遗失物拾得人报酬请求权及其主要类型：

遗失物拾得人之报酬请求权主要指拾得人所享有的在遗失物之受领权人取回遗失物时得向其主张按照约定或法律规定支付的一定数额报酬的请求权。在这一点上，遗失物拾得与一般无因管理不同，一般无因管理不得请求报酬，而遗失物拾得虽具有无因管理之性质，但拾得人却得请求报酬[1]。遗失物拾得报酬请求权

[1] 郑玉波：《民商法问题研究（三）》，三民书局 1996 年 4 月版，第 98 页。

的请求权基础有两种类型，其一为遗失物原权利人在遗失其占有的动产后通过悬赏方式作出寻回遗失物即给予报酬之承诺；其二为民法设明文规定，直接规定接受物件返还的遗失人，须向拾得人支付相当于该物件价值一定比例之报酬，拾得人基于前者所享有的请求权即为约定的报酬请求权，基于后者所享有的请求权则为法定的报酬请求权。

②约定的报酬请求权制度

所谓约定的报酬请求权制度主要指遗失物原权利人在遗失其占有的动产后通过“悬赏广告”之方式作出寻回遗失物即给予报酬之承诺的法律制度。“悬赏广告”，指以广告声明对完成一定行为之人给予报酬，一定行为包括遗失物之发现与交还，亦包括其他广泛之社会生活，理论上只要不违反公序良俗与法律规定，对悬赏之行为并无限制之理由与必要。对悬赏广告之性质，学界一直存有争议，或将其解释为合同，认为悬赏广告为一种对不特定人之要约，经行为人完成一定行为即为承诺，行为人享有报酬请求权；或将其解释为单方行为，认为悬赏广告仅因广告人一方之意思表示而负担债务，在行为人方面无须承诺，唯以一定行为之完成为给付报酬之债务的停止条件❶。遗失物原权利人发现遗失动产后，允诺拾得人返还原物即获致一定数额之报酬，即为悬赏广告之一种，本文无意深究悬赏广告之性质，更关切依据悬赏广告的报酬请求权与法定报酬请求权之关系。对于民法同时设立拾得人约定报酬请求权与拾得人法定报酬请求权的情况下，往往赋予拾得人在法定报酬与悬赏酬金之间的选择权，如《智利共和国民法典》第632条2款规定如所有人已作出拾得悬赏，申报人可在救助酬金和赏金间选择，所谓“选择”，即拾得人此时享受“选择权”，其权利性质上属于使权利或法律关系变更之形成权❷，一经选择不得更改与撤销。至于拾得人选择之依据，除将悬赏价金与法定报酬金额比较外，可能还要考虑遗失人的特别奖励或特别要求，法定报酬领取的程序与时间成本等。若一国民法未设立法定报酬请求权，自无拾得人选择之必要，此时约定的悬赏报酬的作用更为凸显。如我国2007年《物权法》第112条2款规定权利人悬赏寻找遗失物的，领取遗失物时应当按照承诺履行义务。虽然有学者赞赏第112条允许拾得人基于失主承诺而请求支付报酬尊重

---

❶ 王泽鉴:《债法原理》，北京大学出版社2009年12月版，第198页。

❷ 林诚二:《民法总则》（上册），法律出版社2008年5月版，第94页。

了当事人的自主自愿，体现了私法自治精神[1]，但是从对理性人与经济人的激励作用看，悬赏广告之约定报酬不是制度性的，是偶发的以及个人与个人之间的命题，不能在共同体中起到共识性的激励，广告人报酬的给付“不情不愿”，拾得人索取报酬时也不“理直气壮”，更有这种效力不足的激励机制需要悬赏信息的广为周知，信息上亦要求成本，否则仅能成为遗失人“一厢情愿”的等待。此外，导致拾得人法定报酬请求权丧失之情事不应影响约定报酬请求权之效力。导致法定报酬请求权丧失之情事主要是指拾得人怠于履行法定的通知、报告、保管等义务，之所以民法如此规定乃是因为法定报酬请求权的基础恰恰就是拾得人的上述义务之履行。而遗失人之悬赏报酬，恰恰是遗失人自己评估遗失物的物质价值与精神价值后，自由作出之允诺，目的往往就是单纯地收回遗失物之占有，而不至彻底丧失所有权。私法贵为市民法，毫无必要干涉遗失人之允诺，即便存在拾得人违反报告、通知、保管等义务之情事，但只要遗失人“不顾一切”收回遗失物，自无否定其悬赏效力之必要，因为此种否定实际上阻断了遗失人自救之可能。故而我国2007年《物权法》112条第2款后句“也无权请求权利人按照承诺履行义务”之规定既显多余又不尽合理。

③拾得人法定报酬请求权制度

A、拾得人法定报酬请求权制度的含义

拾得人法定报酬请求权制度与约定报酬请求权制度相对，是指民法设明文规定，直接规定接受物件返还的遗失人，须向拾得人支付相当于该物件价值一定比例之报酬，而拾得人因此获得法定报酬请求权，并得在遗失人取回遗失物时对所拾得之遗失物行使留置权的法律制度。

B、拾得人法定报酬请求权的设立论

在我国制定《物权法》的过程中，要不要通过立法设立法定拾得人报酬请求权之问题引起了许多争议。拾得人法定报酬请求权的反对者往往基于道德的或者糅杂意识形态的道德上之理由，或认为法定报酬请求权有违拾金不昧、道不拾遗的道德传统[2]，或认为法定报酬请求权有违所谓社会主义精神文明。如上文所

---

[1] 王利明：《物权法研究（修订版）》（上卷），中国人民大学出版社2007年版，第463页。

[2] 全国人大常委会法工委：《中华人民共和国物权法释义》，法律出版社2007年3月版，第249页。

述，道不拾遗有其历史局限性，一定意义上讲，是封建或帝王专制体制下高压政策的反应，难称合理；拾金不昧确实应作为积极意义的道德律令，但是拾金不昧并不等于无偿返还，拾金不昧的内核在于侵占遗失物的排除以及物归原主的尝试与努力，而并不关涉无偿与有偿，因为在神权没落的世界或者说在根本从未实现神权统一之国度，不存在犹太法中“必须”捡拾遗失物归还原主的先行义务。而且以康德之道德检验理论看来，道德命令需要进行普遍性进行检验，这种普遍性的逻辑要求往往导致消极性的不作为戒律方能称为道德义务❶，如不得乱伦，不得杀人，积极的作为很难契合普遍性标准的检验。对遗失物而言，不得侵占或者拾金不昧可以作为道德义务，却很难将必须捡拾并交还遗失物给遗失人此类“作为义务”称为道德义务。

这样，在不存在先行义务的情况下，如何借助法律的指引与利益导向作用，促进市民社会的主体——一个理性的人与经济的人，捡拾遗失物并尽力帮助恢复遗失人对动产之占有成为问题的核心。

支持法定报酬请求权的学者则基于对人的“本性”的理性认识，希望以利益驱动鼓励拾得人将遗失物归还失主，提出了拾得人报酬请求权“利益最大化”学说。该说认为“经济学上，利益最大化被看做是每个经济行为体的目标，同理，拾得人也会追寻自己的利益最大化。在无偿归还的规定下，拾得人选择不归还的结果是最有利的，要么全得，要么不得，他不会有什么损失；在有偿归还的规定下，他就有很大可能选择归还，因为他面临的形势是要么肯定得一部分，要么全部失去，他没有多少理由拒绝有把握的利益。就失主而言，给予拾得人报酬尽管会造成一点损失，但与有可能全部失去相比要划算。❷”。该学说虽有一定之合理之性，但亦有不妥之处：法律经济学界一般所谓“利益最大化”不是指称单一社会成员的利益最大化，规范性的判断标准是社会福祉的最大化❸。最径典

---

❶ ［美］阿拉斯代尔·麦金太尔：《伦理学简史》，龚群译，商务印书馆2003年9月版，第256页。

❷ 张晓军：《论在我国民事立法上确立遗失物拾得人的报酬请求权》，载《法学家》1998年第6期，第72页。

❸ ［美］萨维尔：《法律的经济分析》，柯庆华译，中国政法大学出版社2009年8月版，第2页，

的帕累托定律也是强调在不影响他人的利益前提下增益。这种个体的利益最大化恰恰是私法“理性人”的假定：每个人都是自己利益的最好判断者，理性人总是试图追求符合自己的利益最大化，这些自由意志下的利益驱动与决策恰恰是民法的前鉴性的假定。还原该学说的本来面目，其实是有合理性的，因为里面蕴含了“利益平衡”与“风险分配”的考量。对于拾得人来说，拾得后拒不返还，不管是有偿归还还是无偿归还，不能说他完全利益最大化了，因为他“顶上”了巨大的法律风险——承担刑事责任的可能。我们需要从体系或者说系统的视角来审视拾得人与原权利人的利益与风险分配，也就是说刑法中的侵占罪的法律风险、拾得人的保管义务轻重以及无人认领的遗失物归属这些都与报酬请求权制度息息相关。如果立法使拾得人负担的法律义务过重、面临的法律风险过大，而又不赋予拾得人对无人认领的遗失物的期待利益与报酬请求权，会造成权利与义务配置失当的局面，难免打击拾得人交回遗失物的积极性，不利于遗失人及时找回遗失物❶。

总之，遗失物拾得人的法定报酬请求权具有正当、积极的激励作用，这种激励兼具有鼓励之含义，它不提倡不支持的是单纯的“冷漠”与“不作为”，这种冷漠不仅仅是对物的效用发挥漠不关心，更是对物上承载的人的关系漠不关心。市民社会虽然承认个体的经济利益与自由，但是理性的指向绝非单一的物质追求与财富积聚。本文无意深究人性原初意义上的恶与善，虽然该命题在东西方都存在巨大的争议，这种人性本质的探讨归根是先验的，市民社会作为鲜活的生活方式，除却理性外，更是经验的、实践的存在。市民社会的主体往往都会有善行与恶行，这才是市民法存在的空间与必要，扬弃的思辨得以体现。通过制度化的激励与奖励措施，私法触发了个体为善、帮助他人的行为，抑制了冷漠的可能。拾得人的法定报酬请求权在激励效果上有别于无因管理制度，前者是对拾得人帮助他人寻回遗失物的正面奖励，会导致其财产的增益；后者仅仅从恢复管理人财产的原初状况出发，目的在于弥补无法定原因管理他人事务所花费的费用。故而，仅仅填补损失的消极性的费用赔偿是不能满足鼓励互助之现实需要的，法定报酬请求权有其设立的正当性与必要性。

---

❶ 江平：《中国物权法教程》，知识产权出版社 2007 年 3 月版，第 289 页。

C、拾得人法定报酬数额之算定

对于报酬数额的算定，比较法上有四种不同之立法例：第一种为“统一限额主义”，即对于拾得人报酬金之数额作统一限制性规定，不得超过遗失物价值之一定额度。如《埃塞俄比亚民法典》第1158条规定法院得授予拾得人不超过其价值25%之奖金，又如《俄罗斯联邦民法典》第229条规定捡拾人有权要求受领物的人付给数额为拾得物价值20%以下之报酬。第二种为“区分主义”，所谓“区分主义”，即按照所拾得遗失物之类型与数额，给予物之价值不同比例之报酬，德国民法采此立法例。如《德国民法典》第971条规定拾得人之酬金在物的价值居于500欧元以下时，为5%，超出此价值时为3%；对于动物为3%。第三种为“累加主义”，即将拾得物之价值做不同价值区间之设计，不同区间给予不同比例之报酬，最后求和算定报酬总和。如《澳门民法典》第1247条规定拾得人将物返还物主后……有权按拾得物在交出时所具之价值索取报酬。报酬之计算方法如下：价值为澳门币2000或2000以下者，取其10%；价值为澳门币2000以上至20000者，就超过澳门币2000之部分，另取其5%，价值为澳门币20000元以上者，就超过20000之部分，再取其2%；又如《意大利民法典》第930条规定物的拾得人提出请求时，物的所有人应当给予其拾得物价值或者价款的10%作为奖金，拾得物价值或价款超过50欧元的，超值部分的奖金为5%。第四种为“区间浮动主义”：所谓“区间浮动主义”是指拾得人的报酬额度在遗失物价值一定百分比区间内浮动，由招领机关或法官酌情予以确定，以日本《遗失物法》为代表，该法第28条规定：接受物件返还的遗失人，须向拾得人支付相当于该物件价值5%以上20%以下之数额的报酬。

唯应注意，上述四种立法例主要针对有社会通常观念之交换价值的物，若所拾得之遗失物仅为对原主有个人情感与纪念意义之物，则又有两种立法例：其一为法院基于具体情况运用适当之自由裁量之权（discretion），依据公平衡量做出确定，这种确定亦须法院按照谨慎之方法进行估价。其二，法律允许原主与拾得人进行协商，以确定此类特殊物之价值。如《俄罗斯联邦民法典》第229条2款规定，拾得物仅对有权受领人有价值时，则报酬的数额与该人协商决定。

若所拾得之物为信用卡、存折一类权利凭证时，对于拾得物之价值以及拾得人报酬金如何算定，存在争议。一种观点认为，对于储蓄存折与信用卡，不适用具有交换价值之一般动产价值之算定，而应由法院酌情根据所拾得载体的价值来判定报酬，所载权利不得用来确定拾得人之报酬，因为所拾得之标的为物，而不是债权❶。另一种观点，认为应该区分具体情况，如果所拾得的银行存款凭证所承载之取款权利属于持有人提示即可实现的，而若在拾得该凭证时其所载之权利并未受到减损，则拾得人得依据一般具有交换价值的流通物之价值方法判定遗失物之价值进而按照比例确定其报酬❷。这种情况下，区分对待无疑是更可取的，在我国亦有银行债权凭证可由持有人划卡与签字实现支付之可能，若遗失人并未及时发现遗失信用卡之事实而未采取挂失等补救措施，拾得人虽表面上拾得权利之载体，载体之权利亦有较大可能获得实现，此时确定拾得人报酬时，本着公平原则，亦应参照载体所载自由支配之价值判定其报酬金额。不仅如此，在其他无记名有价证券时，亦应按照此办法处理，如提单、仓单、无记名之票据等，当然对于此类遗失物的报酬请求权应当考虑到补办该手续及可能产生的费用来计算报酬请求权。

（2）遗失归属法律制度中的激励机制二——遗失物归属结果之“拾得人取得主义”

除报酬激励机制外，遗失物归属判定结果中的“拾得人取得主义”亦构成了对拾得人帮助失主取回遗失物、恢复其占用之“善举”的激励机制。这种激励机制主要是民法通过“拾得人取得主义”之立法选择，提供了拾得人具有附一定条件取得遗失物的期待权，而在拾得人履行法定的通知、保管、报告与送交等义务后，拾得人对经法定公告期间后仍无人认领之遗失物得取得其所有权。正是遗失物归属结果的“拾得人取得主义”下所赋予拾得人的期待权构成了遗失物归属法律制度中的另一种激励机制，它的作用在于明白地告诉拾得人，即便无人认领遗失物而无法获得报酬时，亦有遗失物之所有权以兹奖励。

3. 两种激励机制之关系

拾得人的报酬请求权与遗失物归属结果的“拾得人取得主义”虽然均契合了市民社会稀缺资源中的经济人与理性人趋利避害之特征，但同作为遗失物法中

---

❶ 杜景林，卢谌：《德国民法典评注：总则·债法·物权》，法律出版社 2011 年 8 月版，第 513 页。

❷ Luciano Ciafardini , Fausto Izzo , *Codice Civile Annotato con la Giurisprudenza*, 13th, Gruppo Editoriale Esselibri –Simone, 2010, 925.

的激励机制的二者，却具有不同的作用与功能。报酬请求权旨在当原权利人前来领取遗失物，即遗失物物归原主时给予拾得人一定物质奖励；而“拾得人取得主义”是在遗失物经一定期间之招领公告后仍无人认领时，判定遗失物归属于拾得人之激励。显然，二者依据社会生活经验区分了不同的情况，各自在其条件下给予拾得人相应之物质激励。同时，赋予拾得人报酬请求权与立法例采无人认领的遗失物“拾得人取得主义”最能激励拾得人积极主动捡取遗失物，通过适法渠道获致遗失物所有权，因为其针对不同情形设置了所谓“双重激励机制”。我国2007年的《物权法》中既不承认拾得人的法定报酬请求权又不实行遗失物“拾得人取得主义”，失去了法律对行为的指引和评价作用，实践中“路人”为躲过徒劳无益之窘境，往往干脆一走了之，对遗失物不睬不问，会使遗失物相关法律成为僵死之条文，无适用之余地。

4. 结论

在一个资源稀缺的抽象社会中，市民社会成员应假定为都是“趋利避害”的，这就需要法律责任与利益激励机制进行平衡。就利益激励机制来说，拾得人报酬请求权与遗失物变动主义中的“拾得人取得主义”均有发挥激励之功能，但是二者并不冲突，而是互相补充：拾得人报酬请求权在遗失物有人认领时对拾得人有所奖励，遗失物“拾得人取得主义”在遗失物无人认领时为拾得人提供了利益鼓励，二者相得益彰，互相配合，构成了较为周全的利益激励机制，契合了社会成员“趋利避害”的理性假定。只有现实地考虑到拾得人在现代社会生活中的利益立场，通过立法平衡其利益与负担，才能使遗失物相关法律规范不致“僵死”，真正发挥调整遗失物相关法律关系的作用，通过鼓励拾得人适法履行通知、报告、保管等义务，增大遗失人寻回遗失物的可能性，使拾得人自觉遵守法律而不侵占遗失物，以此形成互助的良好社会风尚，诚如学者所论，应规定拾得人在所有权人没有悬赏时亦享有报酬请求权，以正确确定拾得人与失主之间的民事权利义务关系，并通过有效的利益机制更好地保护失主的权利，拾得人的报酬请求权不仅是对拾得人付出的报酬，更是对其交还原物行为之鼓励[1]。

---

[1] 中国政法大学物权立法课题组：“关于《民法草案·物权法编》制定若干问题的意见”，载《政法论坛》2003年2月第21卷第1期，第54页。

（四）物权效率原则与遗失物归属变动结果判定

1. 物权效率原则

所谓物权效率原则，简单讲就是要在物权法领域坚持经济学理论中的效率原则，追求利益或称福利的最大化。对于效率的标准，比较著名的理论主要包括帕累托次优（Pareto optimality）、帕累托最优（Pareto superiority）以及卡尔多-希克斯效率（Kaldor-Hicks efficiency）。帕累托次优（Pareto optimality）指从状态 S1 到 S2 的移动过程中，至少有一个人福利增加而无人福利减少。而帕累托最优（Pareto superiority）系指当且仅当若没有一个人福利减少也没有人福利增加。卡尔多-希克斯效率则指当且仅当从 S1 到 S2 的移动过程中，那些福利增加的人能完全补偿福利减少的人，以至于至少一个人福利增加，那么 S2 是 S1 的卡尔多-希克斯效率❶。因为遗失物归属变动下，无人认领的遗失物的遗失人即原权利人往往不可避免地面临着权益的贬损，不论遗失物归属变动结果判定给拾得人抑或给国家等公法人，所以帕累托次优与卡尔多-希克斯效率之状态是均不适用的。为了实现帕累托最优之安排，若想使遗失物归属变动结果能带来“当且仅当若没有一个人福利减少就没有人福利增加”的状态，就必须最小化 S1 过程到 S2 过程的成本与费用，也即对于遗失物归属变动结果判定而言，符合物权效率原则与否的标准应该从反面理解——是否在遗失物归属变动的过程中使整个社会财富与福利的损耗为最低。

2. 契合物权效率原则的遗失物归属变动结果

物是社会财富之一种，其使命是服务于社会，满足人们的需要。因此，“物权效率”成为财产法基本之原则之一。无人认领的遗失物的归属问题也应受此原则指导。若过分强调遗失人的权利，只会造成遗失物的闲置、贬值和保管费用的增加，遗失物的价值将日益减少。因此，现今多数国家的民法并不固守遗失物归属的“维持主义”立法取向。

采遗失物归属“变动主义”立法取向的立法例中，就遗失物归属变动结果又有遗失物归属“拾得人取得主义”与遗失物归属“公法人取得主义”两种情

---

❶ ［美］斯蒂芬·芒泽：《财产理论》，彭诚信译，北京大学出版社 2006 年 9 月版，第 172～173页。

形，需要借助物权效率原则进行比较，以辨识较为经济之方案供我国立法参考。遗失物归属变动的“公法人取得主义”从效率的角度看是不经济的，不利于财产的有效利用，这主要是因为：无人认领之遗失物若依民法之规定判定给公法人，则国家或地方政府的处理无非是将遗失物之实体收存或者将其变价收入国库或地方财政。若将遗失物实体收存则会造成巨额的保管成本，既不经济又不具现实操作的可能性；如若公法人变卖、拍卖遗失物并收存其变价，为求公平，一般均采拍卖等公开方式对无人认领的遗失物予以变价，这难免会引起相关费用的支出。此外，取得遗失物变价的公法人自应与原权利人处同一地位，理应支付拾得人报酬并偿还拾得人所支出的费用，那么实际上公法人入库之价值仅为遗失物之变价扣除保管、通知、公告费用，遗失物拍卖费用以及拾得人报酬后的剩余价值，而在拍卖过程中遗失物可能已经因竞价的劣势而直接会有交换价值之贬损。可见遗失物归属变动结果的“公法人取得主义”不符合物权效率原则。

相比之下，遗失物归属变动结果的“拾得人取得主义”更为经济。首先，如前所述，“拾得人取得主义”对拾得人的激励机制是最为周全的，若失主在公告期间内寻至遗失物时，除费用偿还之外，拾得人还可以得到一定的报酬；若无人来认领遗失物，拾得人就可得到遗失物的所有权。在此种机制安排下，拾得人更愿意去拾取遗失物并向遗失物管理机构报告，帮助遗失人寻回遗失物。其次，遗失物归属变动“拾得人取得主义”节省了“公法人取得主义”中的变价费用成本，亦排除了在变价过程中遗失物发生折价贬损的可能。最后，就动产而言，拾得人相对公法人可以更方便、更灵活地使用、收益遗失物，而且留给遗失人与拾得人就公告期满权属变更的遗失物达成协议以恢复原权利人对遗失物权属的自治空间。可见遗失物归属的“拾得人取得主义”相比“公法人取得主义”更契合物权效率原则，更能节省相关的成本与费用。

第三章　特殊遗失物归属之专论

第一节　涉善意第三人遗失物之归属

一、概述

（一）涉善意第三人遗失物归属问题之界定

所谓“涉善意第三人的遗失物归属问题”系指拾得人在取得遗失物之占有后，并未履行法律所规定的通知、报告与送交等法定义务，在遗失物权属仍属于原所有人的情况下，无权处分[1]遗失物，而由对上该情况不知情且无故意与重大过失的第三人取得遗失物占有时，在遗失物的原所有权人与善意第三人之间如何判定遗失物归属之问题。

（二）涉善意第三人遗失物归属问题的本质

如上文所述，涉善意第三人的遗失物归属问题的缘起在于遗失物拾得人没有依法启动遗失物归属变动程序而径行施行了无权处分行为。就无权处分行为之效力，民法认作效力待定之状态，原则上非经权利人承认，其处分行为不生效力，但是为了降低交易中受让人对出让人权属调查的信息成本，维护交易安全，而赋予了动产占有一定之公信效力，受让人调查处分权限有无的合理程序，多以出让人是否享有占有外观为判断标准[2]，若第三人取得动产占有时为“善意”，即信赖了无权处分人占有动产的权利外观而对其不享有处分权毫不知情，则此“善

[1] 此处的处分主要为法律上之处分，如移转遗失物之所有权或设定动产质押或动产抵押等处分行为。

[2] 吴光明：《物权法新论》，新学林出版股份有限公司2006年8月版，第182页。

意”便补足无权处分行为原本缺失的“处分权限”之生效要件，使得善意第三人取得无权处分标的物之完整权属。

而遗失物为占有脱离物之一种，仅因原占有人一时偶然的疏忽或失误而致权属本来明确的动产脱离管领人之控制，而且生活中亦容易被不法侵占人、窃盗以拾得遗失物为借口为上该行为辩解，自属动产物权秩序的非常态，有其特殊属性。故本文所谓涉善意第三人遗失物归属问题之本质即为考察拾得人无权处分遗失物之情形下有无善意取得适用之问题，亦即动产善意取得适用范围之问题。

二、比较法视野中的遗失物善意取得之适用

（一）普通法上的遗失物善意取得适用问题

1. 普通法中的“Nemo Dat”原则

“Nemo Dat”原则是普通法根据罗马法的古老原则——“任何人都不得给予别人他自己根本没有的东西”（nemo dat principle）来维护财产秩序安定的工具，因为这一原则的首要目的是保护所有人。在普通法中，动产所有人所受到的保护和可以对抗的人群范围要比其他法律制度更为广泛：第一，动产所有人可以对抗任何未经他同意而取走物之人，包括窃贼（若财产被盗）和拾得人（若财产遗失）。第二，所有人得追索（对抗）前述情况下动产的受让人。第三，所有人得请求经由自己同意而占用动产之人返还该财产，当该同意撤销之时，如出借人借书于使用人，出借人得基于所有权请求返还。第四，所有人得对抗善意的通过购买而获得动产交付的任何人，虽然买受人是从经由所有人同意占有之人手中买得。例如，所有人将其所有之书出借给他的朋友，后者将该书出卖并交付给对此毫不知情的买受人，则买受人必须返还财产或者赔偿损失。从非所有人手中买受书本的行为，虽然行为人不知情，但行为本身已然构成了对所有人权利的侵害（infringement）。进一步讲，善意买受人不得以信赖无权处分人之疏忽作为抗辩，来对抗原所有人返还的请求[1]。

可见，作为一般性原则，普通法对动产所有人的保护立场是异常坚定的。外

---

[1] F. H. Lawson, Bernard Rudden, *The Law of Property*, OUP Oxford, 3 edition, 14 March, 2002, p. 66.

观与信赖的保护在这里让位于维护所有权静态秩序的决心。即使无权处分人对动产的占有是基于所有人之“授信”，其处分行为在相对人善意购买时，亦不发生效力，更不论非基于所有人意思的占有脱离物，所有人当然有权向买受人追索以返还原物。综上，英美普通法中，根据“Nemo Dat”原则，赃物与遗失物等占有脱离物在通常情况下，所有人不因动产占有的丧失而丧失所有，即使随后失窃或遗失之财产被一个对盗窃或遗失毫无知情的人购买，也不丧失其所有。窃贼与拾得人对失窃财产与拾得财产之权利系无效，因为窃贼与拾得人作为出让人什么权利都没有出让，法院在此时倾向于保护原所有人之权利。这样便促使购买人要调查或谨慎行事以辨识出卖人是否真的享有处分权，但是有时买受人可能没有办法去查明这些，因此有时出卖人或买受人需要承担损失，尤其是窃贼再也难寻踪迹之时。

2. 普通法中“Nemo Dat”原则之例外

普通法中的“Nemo Dat”原则虽然态度坚定但也有例外，在英国和美国情况又有所不同。

（1）英国法

英国不存在《美国统一商法典》（UCC）2-403 这样的一般性立法对商事交易中的善意购买人予以保护，而是发展了自己较为狭隘之特例原则，以此平衡善意买受人之利益。这些特例原则或者对特定之客体予以特别保护，如通货与流通票据善意购买者有权兑现之，且不可撤销；或者对特别购买程序予以保护，如商事交易中的占有改定与所有权保留交易中的无权处分人之善意相对人得获得法律保护，权利人仅能向无权处分人索赔。此外，英国法还对市场交易中相对弱势的消费者予以善意保护。比如通过银行贷款进行分期付款之前手交易人在获得处分权之前擅自出售汽车于善意购买的自然人，善意购买人得因其善意获得机动车之所有权，金融机构不得向其主张返还。但是这些“Nemo Dat”原则之例外，对于英国法来说是具体的、范围狭窄的，作为一般原则，法官仍倾向作出支持原所有人对抗无辜购买人之判决❶。

❶ F. H. Lawson, Bernard Rudden, *The Law of Property*, OUP Oxford, 3 edition, 14 March, 2002, p. 68.

（2）美国法

在美国法中，窃贼与遗失物占有人不能移转良好权利规则因《美国统一商法典》第2-403条之规定而有其例外。《美国统一商法典》（UCC）第2-403条规定：

“①商品之购买人得从享有财产权（title）或享有处分权（power to transfer）之出让人处获得全部之财产权（title），但受限利益之买受人仅获得其购买范围内之特定利益。享有可能无效之财产权利之人（a person with voidable title）有权向支付对价之善意买受人移转一项良好之财产权（a good title）。依据一项购买交易而已然获得商品交付之买受人在下述情况下有权移转给‘后手买受人’良好之财产权：

（a）出卖人在买受人身份上受到欺骗；

（b）作为商品交付之对价的支票被拒绝承兑，或

（c）买受人与出卖人约定即期交易（一手交钱，一手交货），或

（d）货物的交付系通过在刑法上可被作为盗窃罪之欺诈行为取得的。

②将商品‘授信’给从事同种商品交易的商人占有时，该商人有将委托人关于该笔商品的全部权利通过通常之交易程式（in a ordinary course of business）移转给一位买受人之权利。

③授信包括交付与保留占有之默认，不论当事人之间就交付与保留占用达成了何种条件，也不问授信或占有人之处分是否依然构成了刑法中的盗窃。

④货物的其他买受人和留置权人之权利，由担保交易编、大宗转让编（各州选择）、所有权凭证编规范。”

在具体适用《美国统一商法典》（UCC）第2-403条的判例Atlas Auto Rental Corp. v. Weisberg一案中，纽约市民事法院的格林菲尔德法官首先指出适合动产的善意有偿取得的法则在普通法中不存在，传统的做法是不得将自己不享有的权利让与他人（Nemo dat qui non habet），如果严格适用该原则，特别是对于“善意有偿取得者”（a bona fide purchaser for value）会产生不公平的结果。根据制定法，即使转让不完全之产权，对于善意有偿取得者也不能以该产权有瑕疵而加以取消，因为完美的道德应该得到正当之奖励，并进一步发展了衡平法上的禁反言原则（equitable principles of estoppel）。为了保护从实际上没有产权的人那儿有偿取得该物之人，若没有产权的人在外观上明确持有该物，则即使是真正的所有者

也不能主张产权，等等，对善意有偿取得者的保护在不断发展[1]。此外，《美国统一商法典》（UCC）第2-403条第2款有关授信（entrusting）之规定只能是禁反言原则之扩张，所谓商人，必须是实际上把营业作为职业之人。在美国法中，善意有偿取得者受保护之要件为：买受人系商人，且其交易行为须符合经过通常之营业过程所需要的诚实与公正的标准，因为《美国统一商法典》（UCC）保护的是没有过错之买主，不应该被奸猾者利用。

3. 普通法中涉善意第三人遗失物归属问题小结

如上所述，普通法中，有关无权处分的效力问题原则上还是首先坚持所谓"Nemo Dat"原则，即任何人都不得给予别人他自己根本没有的东西。遗失物之拾得人获得对遗失物之财产权（title），无论如何不得对抗真正的所有权人（true owner），受其转让获致遗失物的第三人即使善意亦不会获得优于遗失物真正所有权人的权利，因为理论上拾得人什么也没有转让或者转让了一个可能无效之权利（voidable right）。但是美国法通过《美国统一商法典》（UCC）第2-403条进行了例外规定，而英国法则通过更多的特别法案（acts）进行了例外处理，即特定场合下，善意购买人得获得所购买遗失物的良好权利，这种特定场合往往发生在商事交易领域，且与传统大陆民法中的善意取得制度有所差异。后者系以善意替代处分权之缺失从而补充处分行为的生效要件，对价的支付并不左右善意取得法律行为的构成与效力，但是无偿取得无权处分标的物之善意取得人可能遭受原权利人不当得利返还请求权之追索，而英美法更强调商事交易中的善意购买人之权益保护，与其说是对善意的保护不如说是对商事交易程序与环节本身公信效力的承认，故而善意与对价支付都成为买受人获得遗失物良好权利的前提条件。

（二）大陆法系中的遗失物善意取得适用问题

大陆法系物权法中有关动产善意取得的适用范围是否囊括遗失物，亦即遗失物是否适用善意取得问题上，有如下几种不同处理：其一，"完全不适用"之处理，以北欧挪威和丹麦为代表，完全否定善意取得之适用，即不论是占有脱离物（盗赃、遗失物）或占有委托物（租赁物、使用借贷物）均不适用善意取得。其

[1] ［日］藤仓皓一郎，木下毅：《英美判例百选》，段匡，杨永庄译，北京大学出版社2005年4月版，第479～480页。

二，“不完全不适用”之处理，即原则上动产区分占有脱离物与占有委托物，占有委托物适用善意取得，占有脱离物如遗失物、盗赃，原则上不适用善意取得，但是在例外情形下遗失物等占有脱离物亦有善意取得适用之可能，如《德国民法典》第935规定物从所有人处被盗、遗失或以其他方式丧失的，不发生善意取得方式下的所有权取得，但是对于金钱和无记名证券以及在以公开拍卖等方式中被让与的物得适用之。其三，“完全适用”之处理，以1942年《意大利民法典》为代表，即动产即便构成遗失物亦得完全适用善意取得❶。其四，“不完全适用”之处理，此种处理方式下遗失物等占有脱离物原则上适用善意取得，但是所谓“不完全”乃谓民法另赋予原权利人一定期间内的权利恢复权，即得向善意取得请求返还原物。以我国台湾地区2010年2月3日修订之“民法”第949条为代表，该条规定占有物如系盗赃、遗失物或其他非基于原占有人之意思而丧失其占有者，原占有人自丧失占有之时起两年以内，得向善意受让人之现占有人请求回复其物。针对该条较权威之解释为两年期间内赃物或遗失物的所有权应解释为归属于善意受让人，原占有人的恢复请求权，在于复活被盗或遗失前的权利关系，具有形成权的性质❷。

综上，大陆法系有关遗失物得否适用善意取得亦即涉及善意第三人时遗失物的归属问题的处理较为混乱，很多处理方式甚至有害民法体系的逻辑一致性，如上述“不完全适用”之处理，其实突破了善意取得作为终局性原始取得之效力，一方面遗失物有善意取得之适用，即善意第三人在两年恢复期内亦享有遗失物之所有权；另一方面又赋予原权利人单方面之恢复遗失物所有之形成权，可谓善意第三人并非“取得”，仅获致“取得”之可能性，或谓仅获致一种“效力待定”之所有权，这甚至与大陆法系所有权之概念相左。笔者认为，应努力结束有关涉及善意第三人的遗失物归属问题的混乱面，下文拟围绕遗失物善意取得适用以及公开市场内善意购买遗失物之归属两个主要问题进行阐述，以期更好地理解涉善意第三人遗失物之归属问题。

---

❶ 尹田：《物权法理论评析与思考》，中国人民大学出版社2004年版，第331页。

❷ 王泽鉴：《民法物权论》，北京大学出版社2010年11月第2版，第500页。

三、遗失物得否适用善意取得之辨析

在法学研究中，虽然通过比较法之方法可以得出主要国家立法例对争议问题均采纳某一制度的结论，但是法律制度本身以及制度背后立法政策的正当性与合理性不能仅仅从立法例采纳的数量得出结论。许多新兴国家之立法例，起草者往往就是发达资本主义国家的法学家，绝对数量的比较除却不能穷尽之可能以外，可能更多归纳的还是主要发达国家的立法经验。此外，立法例的采纳往往在法律继受与移植过程中受到习惯力量影响，有时甚至有殖民运动之作用，如不能仔细辨识，其背后的合理因子与不合理之处均可能被概率简单遮盖，此时就不能探究到决策与选择背后的理性因素，也不能利用素材去解决法律问题，从而失去了比较法学方法的真正要旨。研讨涉善意第三人遗失物的归属问题亦即遗失物得否适用善意取得制度时，除却比较法之内容，必须要对制度背后之理念与智慧予以深究，需要重点考察善意取得制度维护交易安全以及平衡交易成本之功能。

（一）交易安全价值的重新厘清

善意取得制度正当性的主要源泉就是其在保护交易安全功能上的积极作用，但是何为交易安全？能否仅以保护交易安全为由，简单地推导出善意取得人之法益优先于原所有权人之法益？上述问题关系甚重，不可不察，需要对善意取得交易安全维护之价值进行重新厘清。

民法学者论及“交易安全”往往将安全（security）立足于保护交易链中，“后手”取得人免于受交付或登记之财产的权利瑕疵影响，从而适应交易快捷化之社会现实，交易安全被理解为与“保护所有权”平行对立之功能，进而直接认为交易安全问题就是第三人保护之问题❶。其实对交易安全之理解，离不开对物权法整体价值之理解。过去我们曾认为物权法与债权法分工明确，前者的价值在于定纷止争，明确物的归属，保护物权人之利益；后者在于借助意思自治通过赋予合意效力来实现财产的流转。后来随着研究的深入与社会生活条件的变化，我们发现物权法承担着维护物的归属与物的流转秩序的双重任务，财产的归属和

---

❶ 王茵：《不动产物权变动和交易安全：日德法三国物权变动模式的比较研究》，商务印书馆2004年版，第9页。

流转本来就是统一于财产自身的属性和价值之中。现代社会财产之价值从使用价值向交换价值转变，所谓归属，也从现实占有的使用权实现为核心愈来愈向以受益权的实际享有为核心转化。财产归属的流通性与可变价性愈来愈受到重视，严格来说，不能流转的财产很难成为财产。反过来，没有归属尤其没有受益权归属稳定与安定的财物亦不构成财产，即使它流转性再强，交换价值再雄厚，也因其没有归属而流于形式，不能用于消费或生产之扩展，而彻底与财物满足人之需要的天然属性相分离，亦不得称之为财产。故而财产者，实为同时处于归属秩序与流转秩序之中，满足人需要的稀缺资源。

财产这种双重属性的统一决定了财产在交易中的安全同时囊括静态秩序安全与动态秩序安全，交易安全的任务既包括保障财产流转的加速与畅通，又包括维护交易效果的安全。交易安全绝非仅仅是保护第三人之利益，因为在市场经济的交易链条中，善意买受人很可能就是明天的出卖人，善意买受人亦可能因偶然之疏忽而遗失其善意取得之物，亦可能被盗窃与侵夺，没有静态秩序与所有权归属的保障，善意取得制度也就无从体现维护交易安全的价值。交易安全同时包括交易周转次数扩张与交易归属静态秩序保障的两个方面。所以不能以降低交易成本和促进交易为终局性立法目的，如果将其作为唯一目标，善意取得之后果只能使正当权利人丧失更多的物。因此，必须考察降低交易成本的进一层目的——刺激所涉及的资源在其生命周期内被充分有效利用。如果善意取得被普遍性地作为单一原则适用，则权利人会尽可能花费过多的监控成本，资源不能得到最佳利用，盗窃和侵占就会变得容易具有吸引力[1]。故而不能片面理解交易安全，若不区分占有委托物与占有脱离物而径直普遍适用善意取得制度，会直接伤害取得之效果，善意保护无从谈起。

（二）信息成本与监管成本之平衡

在无权处分行为中，无权处分人无处分权而为处分之行为不适法，自属无疑，然原所有权人与善意受让人均有正当之法益存在，一方受私权之保护，另一方因其善意而受保护，如果无权处分人得而寻之，尽管上述两个正当利益享有人

[1] ［德］舍费尔，奥特：《民法的经济分析》，江清云，杜涛译，法律出版社2009年5月版，第552页。

仅有一方得继续保有原物，但是另一方至少可以债权人之地位就无权处分人之责任财产获得救济；若无权处分人随后杳无音信或者丧失偿债能力，自有风险分配之问题。为规避这种风险，民事主体要承担相应成本，交易中的买受人承担信息成本，原权利人则需承担监管其所有之物的成本。为了平衡原权利人与善意购买人的成本与风险，除丹麦、挪威完全否定善意取得外，其他国家一般采纳折中之“中间法”处理动产的善意取得问题。所谓“中间法”即在动产适用范围上，区分占有委托物与占有脱离物，占有脱离物原则上不适用善意取得，占有委托物原则上适用善意取得。有学者认为这种“中间法”实在虚伪，批评道：就善意受让人来说，出让人之占有形成的权利外观没有因“占有委托”与“占有脱离”而有任何区别，善意受让人因其无辜（innocent）而获得之道德支持并不因购买保管物或遗失物而有任何差别；就所有人而言，由于“轻信”而丧失财产占有，与由于“不慎”而丧失财产占有，其所具有之“过失”即便有所差异，差异也是微小的❶❷。依笔者所见，“中间法”就信息成本与监管成本之分配是理性的，谈不上什么虚伪。“中间法”排除了任何极端的做法，如果普遍性地适用动产的善意取得，则所有人势必采取更积极的手段保护财产，花费更多的监控成本，资源得不到有效利用；如果普遍性地保护原权利人，那么买受人将承担高额的交易

❶ 尹田：《物权法理论评析与思考》，中国人民大学出版社 2004 年版，第 317 页。

❷ 对“中间说”批评之学者另提出所谓“正当利益说”，试图解释善意取得之依据。该说认为，在无权处分情形，所有人与善意取得人之利益均为正当利益，前者基于其权利的享有，后者基于其善意与无辜。但是所有人利益的伤害被认为仅仅是个别利益的伤害，而善意受让人利益的伤害却被认定是对交易安全即整体交易秩序的伤害，而鉴于整体利益与秩序的保护重要于个别利益与个别权利的保护，法律倾向保护善意受让人，而善意取得制度不过是执行这一法律选择的技术工具而已。此说贵为新颖，作法上利益之衡量，所有人利益乍看为个人利益，而深层看似乎是整个私法之核心。交易秩序与安全恒以保证权利之归属为最终目的，没有以保证私的归属为最终目的之整体利益或称交易秩序，其实本质上是一种“无秩序”。况从宪法层面上作考量，私人财产权与财货自由流通皆为基础性原则，甚至在我国宪法规范中，更侧重强调私有财权的不受侵犯性，而对于财货流转的宪法上的保护应该从《宪法》第 15 条关于“市场经济制度”之强调中推断出来；况我国《宪法》第 10 条还明文限制土地之自由流转。这个意义上说，似乎我国宪法秩序上更重视归属层面上所有人之权利的保护，参见李昊：《善意取得基础理论初探》，中国人民大学 2006 级法学硕士毕业论文，第 8 页。

信息成本，甚至有时花费巨大也是无法彻底实现的，这样也阻碍资源效用之实现。故而区分占有脱离物与占有委托物，采中间路线适用善意取得制度，恰恰是经济理性的安排——让原权利人与买受人均承担部分监控成本与信息成本。进一步讲，成本分配的逻辑是在具体的生活条件中，谁承担的合理性成本较低而实际又没有通过行为承担这些成本，谁就要承担更多的风险。占有脱离物不同于占有委托物，对于后者，原权利人还可对占有之授信人予以评估，对于前者，原权利人已经丧失监控之可能。就第三人购买占有脱离物而言，此时买受遗失物与盗赃之人虽对无权处分之“无权”不知情，但应结合具体交易环境与条件作出判断，承担一定之信息成本，两相比较无疑买受人比原权利人承担之成本更低更合理，故而即便买受人构成善意买受人，应不得以其善意对抗原权利人。但是若买受人在公开市场或通过拍卖等公开交易程序善意买受某一动产时，让买受人承担信息成本毫无必要亦不合理；而对于占有委托物，原权利人亦要分担一定之信息成本，要对受占有人的信用与诚信承担一定之调查成本，毕竟这是善意买受人无法控制与获悉的，故此时买受人只要为善意且无重大过失就可终局获得买得之动产的所有权。

（三）结论

综上所述，考虑交易安全的静态秩序层面，即交易链中的所有权保护，以及原权利人与善意买受人的信息成本与监控成本之平衡，以求资源效益之发挥，应认为遗失物等占有脱离物原则上不适用善意取得制度，所有人得基于占有返还请求权或原物返还请求权恢复遗失物之占有。

四、公开市场中善意购买遗失物之归属

我国台湾地区学界常称公开市场场所中善意购买占有脱离物之情形为“善意取得之例外之例外”，语义颇为模糊。其实如上所述，占有脱离物的原所有权人与善意购买人之间的法益权衡应以监控成本与信息成本为权衡，买受人于公开市场场所或由贩卖与其物同种之物的商人处善意购得遗失物时，或者通过拍卖等公开交易程式善意购买遗失物时，除却处分人占有之权利外观以外，其场所、商人之营业地、公开之交易程序本身更有权属推定之结果，严格说此非为狭义民法中之权利外观理论，更为商事交易的一般经验与惯例。在民商合一之立法例下结合

现代生活具有所谓“民法商法化”之趋向，民法自商事交易的经验与惯例中汲取有关信赖保护的智慧与方法。自信息成本而言，买受人自无抛开商人、公开市场、公开程序本身之信赖而自为特别注意、调查之必要，公开市场与公开程式绝非仅仅为买受人“善意”之证据，更是其取得权属之依据。此外，由于场所与方式的特征，购买人自有正当理由即刻再次处分其已经善意购得之遗失物，如若首肯原权利人的物上请求权，自必严重损害交易安全与公开市场与程式的正常进行，毕竟正常交易的后手不应总处于惴惴不安与惶恐之中。故而虽依据占有脱离物自身之属性不得适用善意取得，于公开市场、商人处，或经由拍卖等公开交易程序善意购得动产者，当然适用善意取得制度，不宜采用所谓重叠“例外”的解释。所以民法中有关公开市场或公开程序购得遗失物时，不宜普遍采用原所有权人支付善意购买人对价后即可取回遗失物的办法，这种办法实际上为民法在善意购买人与原所有权人之间“虚拟”了一笔根本不存在的、也违反任何一方先前意思的交易。原所有权人作为“虚拟的买方”要支付一笔自己根本没参与讨价还价协商进程的自己之物的对价，善意购买人则要承担对后手的违约责任与权利瑕疵担保责任，此种性质的虚拟交易没有必要亦严重违反了民法的意思自治原则。其实民法完全应该将原权利人与善意购买人之间的虚拟的交易交还给当事人自身，如果原权利人认为遗失物对其价值巨大，可与发现之善意购买人协商，自行买回遗失物。

第二节　特定场所内遗失物之归属

一、特定场所之界定

本文所谓“特定场所”系指拾得人于其内发现并占有遗失物且有特定管理人或实际控制人之空间环境。虽然在最宽泛的意义上说，市民社会生活都要在一定空间内展开，这些空间都构成民事主体活动的“特定场所”，所有这些场所从广义上理解皆有其管理人或控制人。这些管理人或控制人的权属来源或是基于所有权，或是基于用益物权或占有移转型的担保物权，或者是基于租赁或使用借贷，或者由国家补充性质开展进行，如公共通行之街道、桥梁、非集体所有的森林、山岭、草原、荒地、滩涂，理论上在我国国家为其管理人或实际控制人。而遗失物法层面的特定场所之管理人或控制人是一个相对的特定概念，它指对帮助遗失人寻回遗失物具有积极意义的稳定的、明确的主体，它可以是一个国家公权力机关、一个企业、一幢房子的主人或者是一趟公交线路的运营公司等，因为这些主体能以组织人员和建制进行具体的遗失物保管和公告事项的实际操作，而不是单纯强调对场所的权属意义上的管领与控制。

二、特定场所内遗失物之归属判定

（一）私宅内拾得之遗失物归属

1. 私宅之界定

本文此处所谓“私宅”，作广义理解，包括但不限于私用宅院，主要指称私人所有或使用的建筑物、构造物以及建筑物或构造物其下的土地。于私宅内拾得遗失物，主要特征有二：其一，私宅内拾得遗失物之人依一般经验往往是私宅使用人、管理人、其所雇之人或所邀请之访客。其二，私宅之范围虽作广义理解，包括宅下之土地，但所发现之物并不得埋藏于地下，否则应适用埋藏物之规则，而与遗失物无关。

2. 私宅内拾得遗失物归属之判定

（1）英美法上私宅内拾得遗失物归属之判定

英美普通法上有所谓“不动产有限进入”规则，即使拾得人不是一项不动产的侵入者（trespasser），其在“特定场所”所有人或管理人的不动产之内拾得遗失物时，仍不能获得优先性占有（prior possession），因为他进入不动产被限定特定目的，故而遗失物之权属往往归于场所的所有人或管理人。举例说明，若拾得人为场所管理人的雇员，在其拾得遗失物时，作为管理人的代理人，其有义务将所拾得之遗失物移交给他的被代理人——雇主[1]。同理，如果一个捡拾到顾客钱包的饭店服务员，一位宾馆打扫卫生的清洁工人，一位铁路乘务员以及一位银行雇员，若上该人员在他们各自雇主的住所内捡拾到遗失物，他们有将该遗失物送交给雇主的义务。但是该规则往往仅适用公共往来之场所，对于私人空间一般不予适用，且其雇员不包括独立合同人（independent contractor），因为独立合同

---

[1] Morrison v. United States，（1974）.

人一般受雇自主提供一项服务或产品，其工作方法自己掌控，其在场所的活动不完全听从主人的安排，故而他们捡拾到的遗失物归他们自己所有[1]。在 Vicky v. Hardin 一案中，一名在一间旧屋里挖掘地窖的工人在地下 5 英尺处发现一个尘封的罐子，里面装着价值 1325 美金的金片（gold pieces），诉讼是在一个声称是该房产曾经所有人的女继承人与房主、工人之间进行的。该案法官认为工人有权获得该笔宝藏，房屋的所有人无权获得，因为没有成文立法规定，这类财产的权利应该属于拾得人，这种权利除了对抗真实的所有权人以外，得对抗其他任何人。发现宝藏的不动产土壤之所有权人不因其对土壤的所有而获致遗失物之权利。在 South Staffordshire Waterworks Co. V. Sharman 一案的附随意见里，法院认为对土地之占有意味着对与土地接触的或土地之下的任何物予以占有，如果这些财产之上缺乏更强之权利，那么土地之占有人对其享有权利。而在 Ferguson v. Ray 一案的法律意见中，法院认为存在一项普遍原则：土地和房产的占有人对其私宅的控制与占据表明了一种施行管领和阻止未授权干预之意思，如果陌生人或房子的佣人在房子里面或者土地之上发现并拾得了某物，那么该物应被认定为处于场所（locus in quo）之现时所有人之占有下。

有关无人认领的遗失物归属问题，在 South Staffordshire Water Co. v. Sharman, [1896] 2 Q. B. 44. 中，被告系一名工人，根据原告之指令在清理原告所有的一处水塘时，在池塘底部的淤泥中找到了两枚金戒指，而这两枚戒指的真正所有权人无处可寻。审理该案的法官认为，原告水务公司对发现之戒指享有权利，判决理由是：在私宅中发现之动产，除非私宅之占有人主动邀请公众游历其私产，私宅占有人被推定为已然占有其财产中所发现之动产，即使他并没有意识到遗失物之所在。显然，本案中法院之观点与先例 Bridges v. Hawkesworth, 21 L. J. Q. B. 75 一案之意见相左，在后者中，法院认为在一家商店地板上拾得动产之拾得人享有对抗除所有人以外任何人之权利，当然包括店主，而且遗失物不论是在公共行走之街道上还是私宅中拾得是无关紧要的。同时还可以以其他两个理由来支持本案判决：其一，假如该戒指已经成为不动产之一部分，则依据混合规则当然可以得出原告水务公司取得戒指所有权之结论。其二，则可能拾得人有将所发现之物交

---

[1] Erickson v. Sinykin,（1947）.

付其雇主的义务。通常情况下，拾得人之权益不因其雇佣关系而受影响，但是如果受雇人专门负有找寻第三人遗失物之特别义务，则其雇主而非雇员因约定之义务而获致遗失物之权利（title）[1]。

美国普通法大家霍尔姆斯认为，对于从土壤中发掘之物，发现人与拾得人何者享有优先权利之问题取决于该财产是否契合宝藏概念（treasure-trove），这一做法在美国的普通法上是没有合理根据的。对待所有人不明的埋藏物的归属问题，应该关注的问题是在动产被发现时，该项财产是否处于私宅所有人之占有中。如果不是，则拾得人（finder）或发现人（discoverer）有权继续占有该动产并且得享有对抗真正所有人以外之任何人；如果是，则私宅之所有人得因为其在先与继续之占有对抗拾得人[2]。如果发现遗失物之私宅向公众开放（thrown open to the public）或公众受邀进入该私宅，那么私宅的所有人对其中发现之遗失物并没有排他性权利。

由上可见，在英美法中，私宅内拾得遗失物的归属规则较为混乱。有些法官认为应该区分宝藏与一般动产，前者无人认领时归属于私宅之所有人，而对于一般之动产则应该适用普通法先例确认之原则——由拾得人享有得对抗真正所有权人以外任何其他人之财产性权利（title）[3]；有些法官认为不应区分遗失物与埋藏物，判定私宅中发现之遗失物的核心规则在于判定何人享有遗失物之占有（possession），通过这种转化变成了区分何种情况下私宅所有人被视为其不动产之内发现之遗失物的占有人[4]。这种普通法上的占有没有严格遵循大陆法系中有关占有的体素与心素的要求，更在意一种依据事实情况的客观标准：如果私宅之所有人邀请公众或者将其私宅向公众开放，则私宅内被发现之遗失物由拾得人享有占有并且在出现真正所有权人之前得继续维持其占有，因此由拾得人获得了一种类似所有权（ownership）的权利（title）；如果不存在上述客观情况，那么普通法

---

[1] Harvard Law Review, vol, 10, No7 (Feb. 25, 1897), pp. 444-445.

[2] Holmes, *The Common Law*, The Belknap Press of Harvard University Press, London, 2009, pp. 206-246.

[3] Armory v. Delamirie (1722)

[4] Holmes, *The Common Law*, The Belknap Press of Harvard University Press, London, 2009, p. 212.

认为私宅之所有人是在其财产内发现遗失物之占有人，并享有上述该权利(title)。

（2）大陆法系私宅内拾得遗失物归属之判定

就私宅内所拾得遗失物之归属问题，大陆法系国家之规定有所不同：依瑞士民法，不管有管理人之房屋是否公用、是否供公众交通，于特定场所内拾得之遗失物均应交与房主、承租人或监管人❶，其房主、承租人或营造物的监督人视为拾得人，但不享有拾得人之报酬请求权❷。日本民法依据其《遗失物法》第12条的规定，有管理者的车船建筑物内拾得之遗忘物与遗失物处同一法定地位，可见日本民法虽界定私宅之内所拾得之物为遗忘物，但对其处理与遗失物一致，其实该法中所采的"遗失物"系一种广义之遗失物，包括了遗忘物与埋藏物等。《德国民法典》对公权力机关内或公众交通之营造物内拾得之遗失物的归属程序以及归属判定有所规定，但对私宅内发现之动产并未有规定，一般认为其构成遗忘物而非遗失物，不适用遗失物之规则，至于理由有两种不同观点：或认为此时私宅之管理人为该遗落之动产的占有人，并非现时无人占有之，故而不符合遗失物的脱离占有又无人占有之要件，不构成遗失物；或认为遗忘于私宅之内之动产既不构成私宅管领人占有又不构成所有权人遗失，应解释为私宅房主为动产之保管人，构成单纯的无因管理❸。综上，大陆法系民法对私宅内发现之动产采三种不同之立法取向：①认其构成遗失物，但拾得人若干权利受到影响，如瑞士民法之规定；②认其为遗忘物，但与遗失物采同一处理，如日本民法之规定；③认其为遗忘物，且不适用遗失物相关法律规范，如德国民法的处理模式。

3. 本文之观点

私宅内发现之遗失物易被认作遗忘物，笔者认为遗忘物与遗失物之区分不宜单纯依据发现的场所以及管理人之有无，而应该综合考虑遗失人寻回原物的线索

---

❶《瑞士民法典》第720条第3款规定："在住宅内或公共场所拾得遗失物之人，应将拾得物交与住户人、承租人或有监督任务的人。"

❷《瑞士民法典》第722条第3款规定："住户人、承租人或公共场所管理机关在其住宅内或在其管理的公共场所拾得遗失物，无拾得报酬之请求权。"

❸ Planck，zu §765，446.，转引自：史尚宽：《民刑法论丛》，荣泰印书馆1974年2月版，第470页。

是否充分等因素，如遗落财物于私宅内但原权利人终不得发现且管理人亦不知此事情时自应构成遗失物，适用遗失物的相关法律规范。况且，为贯彻尽力帮助原所有权人恢复占有之立法原则，激励拾得人通知与报告发现遗失物之事实，以利益手段鼓励社会互助且防范据为己有之不法隐匿行为，似应扩展遗失物相关法律规范的适用范围。另外，由不动产之所有人占有遗失物，取得拾得人之权利，承担保管、报告与送交义务更有利于帮助原权利人恢复遗失物之占有。故而在遗失物归属变动程序上，不妨首先设置拾得人报告与送交遗失物于私宅所有人之先行义务，并由私宅之所有人承担后续的尽力找寻遗失人的义务以及报告、送交遗失物于有关机构的义务。拾得人与私宅之所有权人各有其正当的报酬请求权与费用偿还请求权，若不易区分，则可权宜50%与50%之比例划分之。若经过有关机构公告后于法定期间仍无人认领时，判定无人认领之遗失物为私宅之所有人与拾得人共有更为适宜。

（二）公共场所内拾得遗失物之归属

本文所谓公共场所系指存在特定管理者的供不特定之公众出入与往来的空间与处所，考虑公共场所管理人之不同，下文拟从公权力机关管理之场所内拾得遗失物归属与其他公共场所内拾得遗失物之归属两种情形，分别论述。

1. 公权力机关管理之场所内拾得遗失物之归属

（1）公权力机关之界定

本文此处之“公权力机关”指行使公权力的立法、司法、行政机关与机构，包括国家性公权力机关与地方性公权力机关，此外依据法律之授权行使国家行政权力之组织或者受公权力机关委托行使部分行政权力的组织亦包括在内。《德国民法典》第978条采用“交通拾得”（Verkehrsfund）的统一称谓，涵摄了在公共机关或公共机构的营业场所或运输工具中的遗失物拾得，其中所谓公共机关与本文此处的公权力机关相类似。我国2007年《物权法》中没有关于特定场所内拾得遗失物如何判定其归属之规定，应属法律漏洞，其第109条至第112条中所谓“有关部门”，解释上应为受报告与送交之机构，而非意指于其内发现并占有遗失物之特定场所。

（2）公权力机关管理之场所内拾得遗失物的报告与送交

由于公权力机关本身具有履行国家权力之职能，具有一定之权威性，在公权力机关内拾得遗失物时，不论拾得人系来往公权力机关处理个人或企业事务之“外部人”，抑或在机关内部工作之公务人员或其雇员（内部人），均应毫不迟疑地报告拾得遗失物之情况并送交遗失物交由公权力机关保管。若公权力机关内设物业或招领部门的，理应由其受报告与送交；若没有，内部人拾得遗失物时应向其上级领导报告与送交，外部人拾得遗失物时得向公权力机关任一在岗职员完成报告与送交义务。受报告与送交后，公权力机关应以其自身之名义组织人员采取妥善办法履行保管义务，公权力机关得自行合理判断，在遗失物保管费用过巨或有腐烂变质之虞拍卖之并继续保管其代位金额。

（3）公权力机关管理之场所内拾得遗失物之归属判定

由于公权力机关本身有国家权力行使之职能，公权力机关本身对遗失物的管理、公告应解释为现代国家公权力服务职能之体现，不存在对其义务履行的奖励、对其劳动承认的必要。为贯彻保护遗失物原所有权人之利益，方便其寻回遗失物之立法目的❶，民法应规定拾得人“顺势”报告与送交遗失物于其所发现拾得遗失物之场所内的公权力机关，以方便遗失人顺延线索寻回遗失物。故而公权力机关虽依法承受拾得人报告与送交之遗失物，且对遗失物负担保管、公告之义务，但是其对遗失物的占有与管领并不能使其获得无人认领的遗失物之所有权，其职员或雇佣亦无报酬请求权适用之余地。依现代行政法法理，当代公共行政活动之目的不再以对社会和公民的管理和控制为主，而是趋向以服务为主，政府要将公民权利的保护放在公共行政工作之首位❷，公权力机关也有能力借助其资源与机构建置妥善保管受送交之遗失物并发布适当的招领公告。同时，不妨适当延长招领公告之期限，毕竟在公权力机关管理之场所内遗失财产的原权利人较其他情形容易找到遗失物之线索，寻回其所遗失之物，而不宜在公告期满 6 个月后即刻变更遗失物之归属。当然，公告期间之延长亦应考虑成本与效率原则而有其限度，不能无限期使公权力机关负担保管与公告的费用，毕竟其支出归根来源于财政收入与纳税人的缴付。

而对于外部拾得人来说，本着鼓励互助道德风尚以及恢复占有脱离物正常物

---

❶ 杜景林，卢谌：《德国民法典评注：总则·债法·物权》，法律出版社 2011 年 8 月版，第 516 页。

❷ 应松年，马庆钰：《公共行政学》，中国方正出版社 2004 年 1 月版，第 9 页。

权秩序的考量，应该承认外部拾得人享有一定的报酬请求权，因为法律规定的通知、保管、公告义务由公权力机关承担而非由拾得人自己承担，故而拾得人享有的报酬请求权数额应小于一般情形下的拾得人法定报酬请求权之数额，如《德国民法典》第978条第2款规定：在公权力机关内拾得遗失物时，遗失物受领权人取回遗失物时，应向拾得人支付按照971条第1款第2句、第3句时所会取得的金额之一半❶。若公告期满仍旧无人认领遗失物时，若采遗失物归属“变动主义”立法取向，遗失物归属发生变动。依前文所述，遗失物归属变动结果的“拾得人取得主义”相对于“国家取得主义”更具合理性，公权力机关负送还遗失物于拾得人之义务，拾得人得原始取得无人认领的遗失物之所有权。

最后，应对我国的铁路运输过程中于车厢内拾得遗失物之归属问题予以重视。上述问题本应按普通情形下公共场所拾得遗失物之规则处理，但由于我国铁道部属国务院组成部门，性质上属于行政机关，且有权制定、颁布部门行政规章，“承担铁路安全生产和运输服务质量监督管理责任”，行使“统一管理铁路运输组织和集中调度指挥工作”❷的行政职能，故理论上，我国的铁路运输过程中于车厢内拾得遗失物之归属问题应适用公权力机关管理之场所内拾得遗失物之归属规则。铁道部应为铁路运输过程中于车厢内拾得之遗失物受报告与送交之机构，其所属机构与职员应承担查询遗失人、保管遗失物、进行合理方式一定期间之公告义务，对上述职责的履行不存在报酬请求权激励之应用，铁道部及其工作人员可以在遗失人领取遗失物时主张上述事项的必要费用。铁道部于1997年颁布的《铁路旅客运输规程》第55条规定：“对旅客的遗失物品应设法归还原主。如旅客已经下车，应编制客运记录，注明品名、件数等移交下车站。不能判明时，移交列车终点站”；第56条规定：“客流量较大的车站应设失物招领处。失物招领处对旅客遗失物品应妥善保管，正确交付。遗失物品需要通过铁路向失主所在站转送时，物品在5千克以内的免费转送，超过5千克时，到站按品类补收

---

❶ 《德国民法典》第971条第1款第2项为：“拾得人报酬在物之价值不超过500欧时，为物价值之5%；超过500欧时，为所超价值的3%，在拾得物为动物时为价值的3%”；第3句为：“拾得物若仅对受领权人有价值的，拾得人之报酬必须依照公平裁量予以确定。”

❷ 参见：第十一届全国人民代表大会第一次会议审议批准的《国务院机构改革方案》和《国务院关于机构设置的通知》【国发〔2008〕11号】。

运费；但对第52条中所列物品及食品不办理转送”[1]。该规定明确了物交原主的遗失物处理原则以及具体负责遗失物保管的机关与转送办法，没有对遗失物的公告以及无人认领的遗失物归属问题作出规定，解释上应适用2007年《物权法》中的相关规定，即铁道部门及其工作人员收到或自行捡到遗失物时，知道权利人的，应当及时通知权利人领取；不知道的，应当及时发布招领公告。若发布招领公告之日起6个月内无人认领的，归属国家所有。但由于我国铁路运输过程中存在旅客数量较多，随旅程中途停靠人员流动性较大的特点，使得赋予拾得人以一定数额的法定报酬请求权显得极为必要，以奖励其良善行为，尽力帮助失主寻回原物，故而不妨效仿德国较为成熟之立法例，一方面规定车厢内拾得遗失物之旅客有尽速报告并送交遗失物于乘务人员或乘警之义务，一方面赋予其遗失物价值一定比例的报酬请求权，但是报酬请求权的数额应低于普通公共场所内拾得遗失物之报酬额度。

2. 其他公共场所内拾得遗失物之归属

（1）“其他公共场所”之界定

本文此处所谓“其他公共场所”系指公权力机关以外的，供公众自由通行与交通的有特定管理人的场所，如剧院、车站、邮局、机场等场所均为本文所谓其他公共场所。

（2）其他公共场所内拾得遗失物归属之判定

①普通法上之判定

普通法上，对于公共场所内拾得之遗失物，例如一家书店或者咖啡馆，传统上一般将遗失物奖励给拾得人而不是这些公共场所的所有人或管领人，因此场所之公共性质决定了不动产物权人不享有对场所内的顾客遗失或抛弃之物的推定占

---

[1] 《铁路旅客运输规程》第52条：下列物品不得带入车内：1. 国家禁止或限制运输的物品；2. 法律、法规、规章中规定的危险品、弹药和承运人不能判明性质的化工产品；3. 动物及妨碍公共卫生（包括有恶臭等异味）的物品；4. 能够损坏或污染车辆的物品；5. 规格或重量超过本规程第51条规定的物品。为方便旅客的旅行生活，限量携带下列物品：1. 气体打火机5个，安全火柴20小盒。2. 不超过20毫升的指甲油、去光剂、染发剂。不超过100毫升的酒精、冷烫精。不超过600毫升的摩丝、发胶、卫生杀虫剂、空气清新剂。3. 军人、武警、公安人员、民兵、猎人凭法规规定的持枪证明佩带的枪支子弹。4. 初生雏20只。

有，但是例外的情况是这些店铺的雇员捡拾到的动产应该由其雇主占有。

②大陆法系民法之判定

大陆法系中对其他公共场所内拾得遗失物的归属判定采取两种方式，其一为“拾得人取得主义”，其二为“场所管理人取得主义”。第一种立法模式中，公共场所管领人与经营人仅负担保管与公告之义务，并不能获得无人认领的遗失物之所有权。如我国台湾地区“新订民法”第803条规定：于机关、学校、团体或其他公共场所拾得者，亦得将拾得之事实报告于各该场所的管理机关、团体或其负责人、管理人，并将其物交送。受前项报告者，应从速于遗失物拾得地或其他适当处所，以公告、广播或其他适当方式招领之，但是公共场所的管领人并不获得警察或自治机关招领后仍无人认领之遗失物所有权，而仍由原拾得人取得遗失物之归属。应注意，我国台湾地区民法中的上述公共场所并不包括公共交通工具上之遗失物拾得。对于铁路机构内拾得之遗失物，经铁路部门公告1年后仍无人认领的，铁路机构取得其所有权[1]；对于其他大众运输工具上拾得之遗失物，我国台湾地区“行政院”认为员工或车掌于行车拾得遗失物，应以客运公司为拾得人，故而公告无人认领之遗失物应归公司所有。而乘客遗落在出租车内之物品，司机不负保管义务，司机得为拾得人，但该物品系经过后来的乘客发现时，则以该乘客为拾得人[2]。第二种立法模式即将公共场所管领人“视为”拾得人，以使其以拾得人之地位取得无人认领遗失物之所有权，如《俄罗斯联邦民法典》第227条规定：“物品在房舍中或交通工具上拾得，则应交给代表该房舍或交通工具占有人的人，此时，收到拾得物之人即取得拾得人之权利和承担拾得人之义务。”

前文所述的遗失物归属判定的两种方式，就笔者看来，第一种方式即“拾得人取得主义”更为妥当。公共场所之目的在于向公众提供往来的自由空间，也因此负担安全保障义务，安全保障义务虽以保护生命权、身体权以及健康权为主，但亦保护公共场所内民事主体的财产权益不受损害，所有权和类似于所有权之权

---

[1] 参见：台湾地区“铁路法”第53条。

[2] 王泽鉴：《民法物权》，北京大学出版社2010年11月第2版，第192页。

利通常也可受到安全保障义务之保护❶。安全保障义务对场所管理人而言，不仅意味着要防止公众财产遭受损失，亦包括应力所能及地积极作为以帮助遗失人恢复财产权益。原权利人遗失其动产系自己疏忽所致，但是场所管理人应在拾得人送交遗失物后负担保管与公告义务，该义务属于安全保障义务之延伸，因为此时场所管理人为遗失财产的直接管理人。公权力机关基于"公权力服务于民"之理念，不应享有其管领的场所内拾得的遗失物之所有权，公权力机关以外的其他公共场所的管理人基于其场所设立的目的与安全保障义务也不应获得无人认领的遗失物之所有权。

③小结

在公共场所内拾得遗失物归属的处理方案中，"拾得人取得主义"更有利于鼓励拾得人遵守法定的通知与报告义务，从侧面维护遗失人的合法权益，应予以坚持。因公共场所之特质与存在目的，不宜赋予公共场所管理人无人认领的遗失物权属的期待利益，即公共场所的管理人不能取得无人认领的遗失物之所有权。但由于公共场所管理人具有查询失主或公告的便宜之处，在公共场所内拾得遗失物者，应毫不迟延地报告并送交遗失物于公共场所的管理人或其工作人员。公共场所管理人，应通过广播、公告、互联网等方式组织人员查询失主并妥善保管遗失物。针对上述期间所产生的费用，公共场所管理人在失主认领时有权请求返回，但公共场所管理人及其工作人员、雇员不因拾得遗失物享有报酬请求权。对于公告期满仍无人认领之遗失物应由拾得人取得遗失物之所有权。

第三节　金钱有价证券为遗失物时之归属

金钱有价证券，又称货币有价证券，系指所表彰权利客体为金钱的有价证券，此处金钱仅指流通货币即通货，包括本位币与辅币。金钱有价证券包括货币、公债、公司债、商业票据等❷。与此不同，非金钱有价证券系指所负载权利为物、劳务与无形财产的证券，又有财产有价证券与资本有价证券之分，前者强

❶ 李昊:《交易安全义务论：德国侵权行为法结构变迁的一种解读》，北京大学出版社 2008 年 9 月版，第 175 页。

❷ 曾世雄，曾陈明汝，曾宛如 :《票据法论》，人民大学出版社 2002 年版，第 4 页。

调证券所代表的权利客体可供人们使用收益，或者则表彰一定投资权利，如债券、股票等❶。因货币有价证券享有高度的流通性，尤其是其中的通货与无记名证券更为突出，其遗失时，在归属判定等问题上有其特殊性，必须格外予以重视。

一、纸币为遗失物时之归属

（一）纸币性质之辨析

纸币是现代社会通货的表现形式，所谓通货系指在社会经济活动中作为流通手段的货币，历史上，贝、帛、铜、银、金等物均在特定地域内、在一定期间内充当过通货。在金本位之后的现代社会，通货一般就是指纸币，即一国央行以国库为信用担保依法发行并强制使用的不兑现（不可自由兑换成金属货币）的银行券。在我国民法学界，有时将“货币”、“金钱”与“纸币”之概念混同使用，不加区分，造成了一些误解与困惑。纸币虽发挥着一般等价物与支付手段等功能，但与货币显有不同。具有完全货币职能的货币只能是金属货币，这是因为金属货币尤其是黄金本身凝结了劳动，是一种劳动产品，具有价值，不论货币在什么人手里，也不论是由于出售了什么样的商品而取得，它都是作为价值的独立体现者，具备着转化为任何商品的能力❷，金属货币亦因此具有贮藏价值的手段，而纸币本身不具有价值，仅系法定的交易媒介，系改善物物交换的现代化纸质的流通手段。此外，随着宏观经济调控理论的广泛采纳与应用，货币作为控制手段亦被分为所谓 M1（通货与可签发支票的活期存款）与 M2（定期存款），以区分不同货币的流通性进而便于制定货币政策。可见，即便在现代社会，货币的外延要广于现代通货形式的纸币，故而学界经常所谓货币的“所有与占有一致原则”❸ 似应称为纸币或纸质通货的所有与占有一致原则，货币中的 M2 是不适用该规则的。

从性质上看，纸币属于特殊动产，虽然纸币本身不像贵金属一样具有使用价值并凝结了劳动时间，但是由于国家主权的担保与法定的强制流动性，纸币代表

---

❶ 施天涛：《商法学》，法律出版社 2006 年 5 月版，第 584 页。

❷ 黄达：《金融学》，中国人民大学出版社 2003 年版，第 37 页。

❸ 陈华彬：《物权法原理》，国家行政学院出版社 1998 年 3 月版，第 467 页。

了价值与特定时空内的资源购买潜力、控制能力，在此意义上称纸币为“物”并不过分；又因其最具流通性或称具有完全流通性[1]，故称纸币为特殊动产是适宜的。虽有学者认为应为通货设立独立于动产与不动产的法律地位[2]，但由于动产与不动产的划分关系物权法的整体架构，动辄关乎全身，应慎重处理；更有通货虽性质特殊，但如上所述并未脱离动产的概念范畴，故而应坚持纸币的动产属性。此外，纸币不仅是有形之动产，又属有价证券中的金钱证券，代表了最一般意义上的等价物作用的衡量资源控制能力的法定证券，故而在西方有些曾采金本位下的纸币发行制度中，纸币又称银行券。

纸币作为动产，有其特殊性：首先纸币不具个性，是具有高度代替性的种类物[3]；其次，纸币为消费物，所谓消费物即指依其通常使用方法即属于消耗或属于转让的动产，消费物只能是消费掉或转让掉，不可能在使用了以后还可以原封不动地归还原来的所有者，故而纸币为典型之消费物[4]。

除上述两种特质外，纸币的属性最为特殊之处在于其完全流通性所导致的“所有与占有一致”的特质。具体来看，依据通货所有与占有两相一致之原则可得出以下的推论：①纸币占有的取得，即纸币所有权的取得，纸币占有的丧失，即纸币所有权的丧失。②纸币所有权的移转，意味着纸币占有的取得或丧失。③纸币，不发生所有物返还请求权与占有之回复诉权问题。④通货不发生即时取得（善意取得）问题。由于其占有与所有属于一致，为他人保管货币之人，及盗取他人货币之人等皆为所有人，因之，自此等人处受让纸币占有的第三人，系从真正的通货所有人那里继受取得纸币之所有权，故不发生善意取得的问题。⑤纸币之占有，仅指现实占有，而间接占有（代理占有）无由发生。将通货的直接占有授予他人，在丧失纸币占有之同时，也丧失其所有权[5]。

---

[1] 刘保玉：《论货币所有权流转的一般规则及其例外》，载《山东审判》，2007年第3期，第4页。

[2] 杨立新、王竹：《论货币的权利客体属性及其法律规制——以一般等价物理论为核心》，载《中州学刊》2008年第4期，第73页。

[3] 陈华彬：《物权法原理》，国家行政学院出版社1998年3月版，第467页。

[4] ［德］卡尔·拉伦茨：《德国民法通论》（上册），王晓晔、邵建东、程建英、徐国建、谢怀栻译，法律出版社2001年版，第383-384页。

[5] ［日］铃木禄弥：《物权法讲义》，创文社1994年版，第351-353页。

（二）纸币为遗失物时的归属判定

由于纸币特殊的法律属性，其不发生所有物返还请求权与占有回复之诉的问题，纸质通货不存在无权占有与无权处分问题，也不发生原物返还的物权请求权，而只可能发生返还同等价值、金额之货币的债权请求权问题。因此拾得他人丢失之货币的场合仅可发生不当得利返还请求权问题，拾得人自发现并占有原权利人所遗失之通货时起，自取得纸质通货的所有权，此为遗失物归属变动的特殊状况。唯应注意，倘拾得人据为己有，并未按照法律规定启动遗失物归属变动程序，不仅会导致其报酬请求权的丧失，更可能要承担相应的刑事责任。

遗失人的纸币返还请求权，应解释为请求返还同等价值之通货为满足，但还要考虑特定生活环境下原权利人使用之便利，故原则上应以返还本币为宜。在拾得人报告与送交拾得之纸币时亦同，拾得人仅需送交同等价值之通货即可，如拾得 50 张 100 元面值的通货，交存 100 张 50 元通货，可认为其法定义务已经履行完毕。拾得纸币挪用之法律责任，本着鼓励互助之原则，不宜苛加过重，可借助报告有关机关的“及时性”来判断轻重。若依据社会一般观念，拾得人一时挪用，随后立即补足，报告并送交同价值货币，且在时间上具有连续性，似乎可以认为其履行了法定义务，并不影响其获得报酬和费用偿还以及最终获得所有权的可能[1]。

最后，若拾得人并未通知或未及时履行通知义务，而是挪用纸币以谋取特殊利益，对此利益归属的判定，则应区别对待：归结于自身运气的中彩获益，不宜返还给原所有人或者上缴国家，可以归拾得人自己享有；但若拾得人挪用拾得之纸币纳入自己账户进行股票交易或从事放贷牟利等行为时，所获利润应属非法，至于其归属，应上缴国家，既不属于拾得人，亦不属于遗失人，因为遗失人对此利润的取得并无法律上之原因，而且股权投资与高利贷之经营风险极大且需要一定之时间方能收回，不符合报告与送交的及时性要求，法律自无承认之必要。

---

[1] 陈洸岳：《金钱之遗失与拾得》，载《月旦法学杂志》2002 年 1 月第 80 期，第 14 页。

二、无记名商业票据为遗失物时之归属

（一）无记名商业票据之界定

除纸币外，金钱有价证券中的无记名商业票据亦享有高度的流动性。“商业票据”（commercial paper）是指票据法上的票据，即汇票、本票与支票，系依照票据法发生的以支付一定金钱为目的之完全有价证券[1]。所谓“完全有价证券”是指票据权利的行使或处分，必须借助证券的占有与交付来实现之有价证券[2]，其票据权利的发生、移转与实现均不离证券本身。而所谓“无记名商业票据”相对于记名票据与指示票据，系指其上不记载任何人为权利人，或者只写“持票人”、“来人”的有价证券，但凡持有这种证券的人便推定为权利人，可以行使证券权利[3]。

（二）无记名商业票据为遗失物的归属判断

1. 无人认领的无记名商业票据之归属

虽然无记名商业票据具有高度的流动性与无因性特质，但是因其遗失而构成票据的相对丧失时，其上表彰的权利并非随之变动，此与银行券显为不同。后者的归属随占有之变更而变更，而拾得无记名金钱证券时，拾得人既不因占有享有对权利凭证本身的所有权，亦不因拾得而享有票据上所承载的票据权利[4]。拾得人若凭借其占有冒领无记名有价证券可能面临刑事责任的追究，其获利亦非适法，构成不当得利。为救济正当持票人的合法权益，法律给予权利人挂失止付与公示催告等救济手段。所谓挂失止付，如遗失人将票据丧失的情况通知付款人，并通知其暂停付款的措施[5]；公示催告程序是指人民法院据最后持票人申请以公示催告不明关系人在法定期间内申报程序，逾期无人申报权利，将根据申请作出除权判决的非诉程序以从程序上解决票据被盗、遗失或灭失的有关问题或法律规定的其

---

[1] 施天涛：《商法学》，法律出版社 2006 年 5 月版，第 584 页。

[2] 梁宇贤：《票据法新论》，中国人民大学出版社 2004 年版，第 20 页。

[3] 谢怀栻：《票据法概论》，法律出版社 1990 年 5 月版，第 10 页。

[4] 所谓“票据权利”指“票据上所表示的金钱债权，是持票人以取得票据金额为目的凭票据向票据行为人所行使的权利”，参见：王小能：《票据法教程》，北京大学出版社 2001 年 7 月版，第 55 页。

[5] 董安生：《票据法》，中国人民大学出版社 2006 年版，第 99 页。

他事项。为与上述制度和谐相存，拾得人不得因占有遗失之证券而获得票据权利。

除前文所述的理由外，还有一原因导致遗失的无记名票据在法定招领公告期罹过无人认领时，票据权利归属不发生变动：无记名票据付款时须提示，而提示期间非常短，以我国的无记名支票为例，其提示期间为出票后 10 日，远远短于招领公告的 6 个月期间，招领公告期满后，票据的提示期间早已届满，根据我国《中华人民共和国票据法》（以下简称《票据法》）第 91 条与《支付结算办法》第 126 条之规定，支票持票人超过提示付款期限提示付款的，持票人开户银行不予受理，付款人不予付款。故而对于无人认领之无记名票据，其上的权利可能实际上已无实现的可能。

在遗失物归属判定程序的适用中，拾得人适法报告并送交无记名金钱证券至有关机关时，受领机关应依其职责，在合理的能力范围内尽力通知出票人并予以公告，以帮助正当持票人及时获悉情势，启动救济程序。在有人认领时，受领机关应审慎核查，若辨析困难时可交由法院提存，后者则可酌情要求认领者在合理期限内提供担保，以防冒领。在计算捡拾无记名金钱证券并适法履行义务的拾得人报酬请求金额时，应按照证券承载的金钱金额计算报酬，此由无记名有价证券本身的完全证券、金钱证券的特质所决定，此点不同于捡拾到银行存折或储蓄卡的情形，拾得银行存折与储蓄卡的拾得人报酬算定与其内存款金额并不相关。

2. 涉善意第三人时遗失的无记名商业票据之归属

若遗失之无记名商业票据的拾得人处分该票据于不知情之第三人时，便产生涉善意第三人的无记名遗失票据归属问题，法律须在善意第三人与票据原权利人之间做出选择，赋予一方票据权利，而另一方只能主张票据权利以外的请求权。对票据债务人而言，此时遗失的无记名票据的权利归属问题即转化为应向何主体履行支付义务的问题，就票据抗辩角度考虑，就是票据债务人，如无记名汇票的出票人、无记名支票的付款人得否以遗失之情事对抗善意持票人的问题。

就上述种种问题，票据法学界主要有三种观点[1]：一为“契约说”，此说认为发票人在票据上签名且将其按照自己之意愿交付于相对人时方对持票人承担票据责任。在此观点看来，票据债务人得以空白票据遗失之事实对抗持票人之请求

[1] 以下三种观点可参见：高金松：《空白票据新论》，五南图书出版有限公司 1986 年 9 月版，第 39 ~ 44 页。

权，美国旧有的《流通票据法》即采此观点。该学说因不利于发挥票据之流通性而有所不当。二为“创造说”，该说认为票据债务于票据行为人在票据上签名时即告生效，不论是否交付相对人，票据债务人均应履行支付义务，即便后经遗失也不得以此对抗票据持有人。此说对持票人的善意与恶意不加区分，一概承认其票据权利，对票据债务人之立场考虑不周。三为“发行说”，此说认为票据行为以意思表示到达收款人时发生效力，如未达到发票人意欲之相对人时，不生效力，但应依照外观理论保护善意取得人。对无记名票据而言，若持票人符合善意取得之要件，即适法取得票据权利，票据债务人不得以遗失之事实抗辩之。此说兼顾到票据的流通性以及票据债务人利益之平衡，较为妥当，《美国统一商法典》（UCC）第3-115条即采此说❶。

第三人取得遗失之无记名票据权利需满足一定条件：①须从无处分权利的拾得人手中获得；②须依据《票据法》规定的转让方式实际取得票据，就无记名票据而言，即通过拾得人之交付行为而由第三人取得遗失票据之占有；③第三人取得无记名票据时须构成善意，概括而言，票据受让人按照《票据法》规定的转让方式取得占有，且支付对价，并无违法之故意和重大过失的，就是善意❷。

唯应注意，无记名票据的善意取得人完全、终局取得所遗失票据的权利，遗失人不得援用“善意取得之特例”❸，不享有一定期限内支付对价时取回遗失票据的权利。诚如学者所论：无记名商业票据以流通性为其本质，唯有流通才能贯彻其经济价值。若允许被害人或遗失人得请求回复无记名证券，则势必使此等特殊动产之功能丧失殆尽，进而害及社会经济，各国民法规定无记名商业票据不再区分占有委托物和占有脱离物，一样适用善意取得制度❹。故而，遗失的无记名商业票据被拾得人不法处分，若其后手善意取得该无记名商业票据，依法得取得票据及其上之票据权利，票据权利之归属从遗失人手中变动至善意取得人处。

---

❶ ［美］美国法学会，美国统一州法委员会：《〈美国统一商法典〉及其正式评述》（第二卷），李昊等译，中国人民大学出版社2005年版，第30页。

❷ 刘心稳：《票据法》，中国政法大学出版社2008年2月版，第74页。

❸ 王泽鉴：《民法物权》，北京大学出版社2010年11月版，第476页。

❹ 杨善长：《论交易中遗失物的物权归属——评〈物权法〉第107条》，载《中国法学会民法学研究会2010年会暨学术研讨会论文集》（上册），第414页。

结　论

遗失物区别于埋藏物与遗忘物而有其独特内涵，一般指脱离原权利人占有又没有其他人占有的动产。遗失物因其脱离原权利人之占有而使得其占有与本权出现分离，无法发挥物的使用价值与收益价值，对个人财产权利的实现与整个社会资源效用之发挥都是不利的。而拾得人因对遗失物的发现与占有，为遗失物复归至正常的归属与流转秩序中提供了可能。

为帮助失主寻回遗失物并贯彻物尽其用之原则，不论大陆法系抑或英美法系都对遗失物相关的制度制定了较为详备的法律规范。大陆法系有罗马法上的遗失物归属“维持主义”以及日耳曼法上的遗失物归属“变动主义”两大源流，后世大陆法系民法一般遵循日耳曼法之相关规则，规定拾得人得在履行了法定义务后取得无人认领的遗失物之所有权。例外之情况为法国民法的有关规定，法国民法在处理陆上拾得之遗失物的归属问题时采纳了“维持主义”，规定拾得人不因拾得行为取得无人认领遗失物之所有权，仅得因取得时效获致遗失物之权属。英美法系国家由于没有严格意义上的“一物一权”原则，普通法通过判例确立了拾得人享有得对抗真正所有权人之外其他任何人的财产性权利的规则，但是美国各州通过制定法（statutes），规定了完整的通知、报告、公告等程序以及确立了拾得人对无人认领的遗失物确然、终局取得所有权的制度。综上，可以从大陆法系以及英美法系的相关规则中概括出遗失物归属法律制度的“变动主义”与“维持主义”两大立法取向，通过比较不难看出“变动主义”更符合效率原则且能借助激励机制促成市民社会形成良善的互助风尚，遗失物归属之变动也因此获得了正当性基础。

为更好地践行遗失物归属“变动主义”，需要在技术上寻找无人认领的遗失物归属变动的原因与方式，遗失物的自身属性以及遗失物拾得行为的性质使得无法借助先占、取得时效、失权等原因发生无人认领的遗失物归属之变动，必须建立独立的变动方式，解释论上可认为遗失物归属变动系将一定期限内无人认领之遗失物拟制为抛弃物，民法再行发挥其资源分配之功能重新确立遗失物权属的过程。至于遗失物归属结果的最终确定，为发挥激励作用以及贯彻物尽其用原则，坚持藏富于民的法律意识，遗失物“拾得人取得主义”更具合理性，而我国《物权法》第113条所采纳的国家无条件取得无人认领遗失物之做法似有脱离现实的嫌疑，容易造成相关条款成为罕有适用之“僵死条款”。

而涉及善意第三人的遗失物、特定场所内拾得之遗失物、金钱有价证券之遗失物因行为、空间、标的物之特殊性，有必要予以专门论述。若拾得人无权处分遗失物致善意第三人取得占有时，考虑交易安全的静态秩序层面，即交易链中的所有权保护，以及原权利人与善意买受人的信息成本与监控成本的平衡，以求资源效益之发挥，应认为遗失物等“占有脱离物”原则上不适用善意取得制度，所有人得基于物上请求权恢复遗失物之占有。至若特定场所内拾得之遗失物，应区分公共场所内拾得与私人场所内拾得，前者公共场所的管领人并不能取得无人认领遗失物的所有权，后者私人场所管领人应与拾得人共享无人认领的遗失物变动后的权属。金钱有价证券中的纸质通货因采“占有即所有”之规则，拾得人自拾得纸币时即获得所有权，但亦应履行遗失物归属变动程序即通知、报告、公告等义务，否则可能面临侵占的刑事责任追究又负担着遗失人的不当得利请求权。与其不同的是无记名商业票据，拾得人既不因占有享有对权利凭证本身的所有权，亦不因拾得而享有票据上所承载的票据权利。但是在计算捡拾无记名金钱证券并适法履行义务的拾得人报酬请求金额时，应按照证券承载金钱的金额计算报酬。

最后需要指出的是，有关任何财产权益取得、变更、丧失的制度，依据现代宪政原则，理应由法律予以规定。我国《物权法》已经对遗失物制度作了框架性的规定，虽然《物权法》的作用是不能低估的，它提供了法律制度的一般框架，但法律争端由法典以外的渊源解决的数量，却与现代法律制度的复杂化呈现出一种显著的“正相关”关系。以财产法为例，财产法关系到很多特别的调整对象，没有什么有关法律问题可以仅查一下法典就能解决[1]。故而正如“不动产登记法”对于不动产相关的物权法律规范具有重大意义一样，遗失物归属制度也

---

[1] ［美］马太：《比较法律经济学》，沈宗灵译，北京大学出版社2005年8月版，第83～84页.

应该有一部效力为法律位阶的，明确程序与法律效果的民事特别法予以规定。因遗失物归属制度的法律规范具有较强的技术性与程序性特点，不宜将其完全并入《物权法》中，这样不仅会使得《物权法》显得格外冗长，也不利于为适应新情况而作出及时之修正，因此最好的办法也许是制定出一部适合我国国情的调整遗失物相关法律关系的民事特别法，其实运行良好的《日本遗失物法》为我们提供了参考，值得借鉴。

附　录

“遗失物法”草案建议稿

第一条：（通知）

拾得遗失物者应从速通知遗失人、所有人或其他有受领权人。

第二条：（报告与送交）

若拾得人通过合理努力无法查明上述受领权人时，应妥善保管遗失物并应从速将拾得遗失物之情况报告公安机关或拾得遗失物所在地的居民委员会或村民委员会，并应在报告之同时送交遗失物于上述机构，上述机构受领遗失物后应向拾得人开具收据凭条，并应自受领遗失物起妥善保管遗失物。

在商场、车站等公共场所内及公权力机关公开办公、服务场所内拾得遗失物者，应毫不迟延地报告并送交遗失物于上述场所的管理人或其工作人员，管理人或其工作人员应通过广播、公告等方式组织人员查询失主并妥善保管遗失物。

第三条：（保管义务）

拾得人与受报告与送交之机构保管遗失物时因其故意或重大过失致使遗失物毁损、灭失的，应向受领权人承担损害赔偿责任，受领权人为多人时，得向其中任意一人赔偿。

第四条：（紧急处置）

若遗失物易于腐坏或保管费用过巨时，受报告与招领之公安机关或拾得遗失物所在地的居民委员会或村民委员会得通过拍卖或以合理价格变卖的方式处置并应妥善保管其对价；商场、车站等公共场所内及公权力机关公开办公、服务场所的管理人或其工作人员依本款规定处置遗失物时，应提前通知公安机关或拾得遗失物所在地的居民委员会或村民委员会。

第五条：（公告）

受报告与送交之公安机关或拾得遗失物所在地的居民委员会或村民委员会应在当地有一定影响力之报纸或媒体发布失物招领公告，应在省级范围内建置统一的失物招领互联网平台，通过互联网同时发布失主招领公告。

本法第二条中受报告与送交之场所管理人或其工作人员在自行进行公告后合理期间内仍无人认领的，应将遗失物转交由公安机关或拾得遗失物所在地的居民委员会或村民委员会，并由后者履行本条第一款之公告义务。

第六条：（费用与报酬）

遗失物自通知或招领公告发布六个月内，受领权人前来领取时，拾得人、受报告与送交之机构于通知、招领及保管之等必要费用受偿后，应将遗失物返还。

有受领权人前来认领遗失物时，应向拾得人支付报酬，报酬金额按遗失物之估算价值累积计算；遗失物估算价值不超过5000元人民币的部分，报酬金额为遗失物估算价值的5%；估算价值超过5000元人民币的部分，超过部分的报酬金额为遗失物估算价值的3%；若遗失物仅对受领权人具有个人价值的，拾得人的报酬金额应当依据公平原则衡量确定。

在商场、车站等公共场所内及公权力机关公开办公、服务场所内拾得遗失物者，其报酬金额为前款金额之二分之一，上述场所的管理人及其工作人员、雇员不因拾得遗失物享有报酬请求权。

若受领权人已为寻回遗失物张贴悬赏广告的，拾得人可以在上款报酬金额与受领权人承诺的赏金之间选择。

第七条：（报酬请求权的丧失）

拾得人若有违反通知、报告与送交义务或经询问仍隐匿遗失物拒不返还之情形时，丧失本法第六条所列之报酬请求权，但仍不妨碍受领权人与拾得人自行达成的有关协议的效力。

第八条：（留置权）

拾得人对本法第六条项下之费用及报酬请求权对于遗失物享有留置权，此留置权不因报告与送交而受影响，受报告与送交之机构应协助拾得人行使上述留置权，在受领权人前来领取时，应及时通知拾得人。

第九条：（原权利人弃权）

遗失物的原权利人在接到通知或获悉公告后可以放弃遗失物之所有权，自其明示放弃所有权时即免除报酬与费用支付义务，此时由拾得人取得遗失物之所有权，但应事先支付受报告与送交机构因通知、保管与公告所支付的必要费用。拾得人放弃遗失物所有权时，遗失物归国家所有。

第十条：（无人认领遗失物）

遗失物自公安机关或拾得遗失物所在地的居民委员会或村民委员会发布招领公告之日起六个月仍无人认领的，由拾得人取得遗失物之所有权。公安机关或拾得遗失物所在地的居民委员会或村民委员会应通知拾得人前来领取遗失物或其对价，若无法通知则应发布公告，公告期满三个月拾得人未来领取的，遗失物或其对价归国家所有。

第十一条：（遗忘物之准用）

私人所有、承租的住宅内拾得之动产视为遗忘物，所有人、承租人应妥善保管，确实不知遗忘人且合理期间内无人前来领取的，所有人、承租人应报告与送交该动产于公安机关或居住地的居民委员会或村民委员会，自送交刻起，准用本法上述规定。

第十二条：（拾得漂流物、沉没物之准用）

拾得漂流物、沉没物等其他占有脱离物，准用关于本法之规定，法律对遗失物或其他占有脱离物有特别规定的，适用其规定。

参考文献

一、中文著述

1. 江平．中国物权法教程［M］．北京：知识产权出版社，2007.

2. 费安玲．学说汇纂（第2卷）［M］．北京：知识产权出版社，2009.

3. 张俊浩．民法学原理［M］．北京：中国政法大学出版社，1997.

4. 梁慧星．民法解释学［M］．北京：中国政法大学出版社，2003.

5. 梁慧星．中国物权法研究（上册）［M］．北京：法律出版社，1998.

6. 黄松有．《中华人民共和国物权法》条文理解与适用［M］．北京：人民法院出版社，2007.

7. 王利明．法律解释学导论：以民法为视角［M］．北京：法律出版社，2009.

8. 张文显．法哲学范畴研究［M］．北京：中国政法大学出版社，2005.

9. 黄茂荣．法学方法与现代民法［M］．北京：中国政法大学出版社，2001.

10. 胡长清．民法物权［M］．北京：商务印书馆，1935.

11. 史尚宽．物权法论［M］．北京：中国政法大学出版社，2000.

12. 谢在全．民法物权论（上册）［M］．第三版．台湾：三民书局，2005.

13. 徐国栋．绿色民法典草案［M］．北京：社会科学文献出版社，2004.

14. 王利明．中国民法典学者建议稿及立法理由·物权编［M］．北京：法律出版社，2005.

15. 中国社会科学院语言研究所．现代汉语词典［M］．北京：商务印书馆，2005.

16. 曹杰．中国民法物权论［M］．北京：中国方正出版社，2004.

17. 高富平．物权法原论（下册）［M］．北京：中国法制出版社，2001.

18. 高铭暄，马克昌．刑法学［M］．北京：北京大学出版社，2000.

19. 周光权．刑法各论讲义［M］．北京：清华大学出版社，2003.

20. 陈兴良．规范刑法学［M］．北京：中国政法大学出版社，2003.

21. 《法学词典》编辑委员会．法学词典（第3版）［M］．北京：上海辞书出版社，1989.

22. 黄右昌．民法诠解——物权编（上册）［M］．北京：商务印书馆，1936.

23. 徐国栋．罗马法与现代民法（第4卷）［M］．北京：中国人民大学出版社，2004.

24. 梁慧星．中国物权法草案建议稿：条文、说明、理由与立法例［M］．北京：社会科学文献出版社，2000.

25. 梁慧星．中国民法典草案建议稿附理由．物权编［M］．北京：法律出版社，2004.

26. 李秀清．日耳曼法研究［M］．北京：商务印书馆，2005.

27. 尹田．法国物权法［M］．北京：法律出版社，2009.

28. 尹田．物权法理论评析与思考［M］．北京：中国人民大学出版社，2004.

29. 叶孝信．中国民法史［M］．北京：上海人民出版社，1998.

30. 杨鸿烈．中国法律思想史［M］．北京：中国政法大学出版社，2003.

31. 吴汉东．私法研究（第二卷）［M］．北京：中国政法大学出版社，2002.

32. 张晋藩．中国法制史［M］．北京：群众出版社，1991.

33. 郭建，姚荣涛，王志强．中国法制史［M］．北京：上海人民出版社，2000.

34. 田涛，郑秦．大清律例［M］．田涛，郑秦，点校．北京：法律出版社，1999.

35. 佟柔．中国民法［M］．北京：法律出版社，1990.

36. 高富平、吴一鸣．英美不动产法：兼与大陆法比较［M］．北京：清华大学出版社，2007.

37. 兰磊．英文判例阅读详解［M］．北京：中国商务出版社，2006.

38. 武树臣．中国传统法律文化［M］．北京：北京大学出版社，1994.

39. 陈朝璧．罗马法原理［M］．北京：法律出版社，2006.

40. 全国人大常委会法工委民法室．物权法立法背景［M］．北京：法律出版社，2007.

41. 全国人大常委会法工委．中华人民共和国物权法释义［M］．北京：法律出版社，2007.

42. 孙宪忠．论物权法［M］．北京：法律出版社，2001.

43. 史尚宽．民刑法论丛［M］．吉林：荣泰印书馆，1974.

44. 史尚宽．物权法论［M］．北京：中国政法大学出版社，2000.

45. 应松年，马庆钰．公共行政学［M］．北京：中国方正出版社，2004.

46. 曾隆兴．详解损害赔偿法［M］．北京：中国政法大学出版社，2003.

47. 邱聪智．新订债法各论（中册）［M］．北京：中国人民大学出版社，2006.

48. 张新宝．侵权责任构成要件研究［M］．北京：法律出版社，2007.

49. 谢怀栻．外国民商法精要（增补版）［M］．北京：法律出版社，2006.

50. 崔建远．合同法［M］．第5版．北京：法律出版社，2010.

51. 邱聪智．新订债法各论（上册）［M］．北京：中国人民大学出版社，2006.

52. 周林彬．物权法新论——一种法律经济分析的观点［M］．北京：北京大学出版社，2002.

53. 王茵．不动产物权变动和交易安全：日德法三国物权变动模式的比较研究［M］．北京：商务印书馆，2004.

54. 杜景林，卢谌．德国民法典评注：总则·债法·物权［M］．北京：法律出版社，2011.

55. 王泽鉴．法律思维与民法实例：请求权基础理论体系［M］．北京：中国政法大学出版社，2001.

56. 费孝通．乡土中国·生育制度［M］．北京：北京大学出版社，1998.

57. 厉以宁．资本主义的起源［M］．北京：商务印书馆，2003.

58. 郑玉波．民商法问题研究（三）［M］．台湾：三民书局，1996.

59. 王泽鉴．债法原理［M］．北京：北京大学出版社，2009.

60. 王泽鉴．民法学说与判例研究（第二册）[M]．北京：中国政法大学出版社，1997.

61. 王泽鉴．民法学说与判例研究 [M]．北京：第一册，中国政法大学出版社，1997.

62. 林诚二．民法总则（上册）[M]．北京：法律出版社，2008.

63. 林诚二．民法总则（下册）[M]．北京：法律出版社，2008.

64. 王利明．物权法研究（修订版）（上卷）[M]．北京：中国人民大学出版社，2007.

65. 王利明．物权法论 [M]．北京：中国政法大学出版社，1998.

66. 王泽鉴．民法物权 [M]．北京：北京大学出版社，2010.

67. 曾世雄，曾陈明汝，曾宛如．票据法论 [M]．北京：中国人民大学出版社，2002.

68. 施天涛．商法学 [M]．北京：法律出版社，2006.

69. 黄达．金融学 [M]．北京：中国人民大学出版社，2003.

70. 陈华彬．物权法原理 [M]．北京：国家行政学院出版社，1998.

71. 谢怀栻．票据法概论 [M]．北京：法律出版社，1990.

72. 王小能．票据法教程 [M]．北京：北京大学出版社，2001.

73. 董安生．票据法 [M]．北京：中国人民大学出版社，2006.

74. 王泽鉴．不当得利 [M]．北京：北京大学出版社，2009.

75. 田士永．物权行为理论研究 [M]．北京：中国政法大学出版社，2002.

76. 江平．法人制度论 [M]．北京：中国政法大学出版社，1994.

77. 谢在全．民法物权论（上册） [M]．北京：中国政法大学出版社，2011.

78. 姜明安．行政法与行政诉讼法 [M]．北京：北京大学出版社，2005.

79. 季卫东．法治秩序的建构 [M]．北京：中国政法大学出版社，1999.

80. 陈瑞华．程序正义理论 [M]．北京：中国法制出版社，2010.

81. 季卫东．法律程序的意义——对中国法制建设的另一种思考 [M]．北京：中国法制出版社，2004.

82. 姚瑞光．民法物权论 [M]．北京：中国政法大学出版社，2011.

83. 沈达明．比较民事诉讼法初论 [M]．北京：中国法制出版社，2002.

84. 崔建远．物权：规范与学说：以中国物权法的解释论为中心（上册）[M]．北京：清华大学出版社，2011.

85. 王利明．民法总则 [M]．北京：中国人民大学出版社，2003.

86. 姚瑞光．民法总则论 [M]．北京：中国政法大学出版社，2010.

87. 施启扬．民法总则 [M]．北京：中国法制出版社，2009.

二、中文译著

1. [德] 施瓦布．民法导论 [M]．郑冲，译．北京：法律出版社，2006.

2. [法] 狄骥．法律与国家 [M]．冷静，译．北京：中国法制出版社，2010.

3. [美] 庞德．法理学 [M]．邓正来，译．北京：中国政法大学出版社，2004.

4. [德] 拉伦茨．法学方法论 [M]．陈爱娥，译．北京：商务印书馆，2003.

5. 学说汇纂．第41卷，所有权、占有与时效取得 [M]．贾婉婷，译．北京：中国政法大学出版社，2010.

6. [美] 斯普兰克林．美国财产法精解 [M]．钟书峰，译．北京：北京大学出版社，2009.

7. [意] 桑德罗·斯契巴尼．物与物权 [M]．范怀俊，译．北京：中国政法大学出版社，1999.

8. [法] 弗朗索瓦·泰雷，菲利普·森勒尔．法国财产法（上册）[M]．罗结珍，译．北京：中国法制出版社，2008.

9. [法] 泰雷，森勒尔．法国财产法（下册）[M]．罗结珍，译．北京：中国法制出版社，2008.

10. [英] 劳森，拉登．财产法 [M]．施天涛等，译．北京：中国大百科全书出版社，1998.

11. [美] 克里贝特．财产法：案例与材料 [M]．齐东祥，陈刚，译．北京：中国政法大学出版社，2003.

12. [德] 科殷．法哲学 [M]．林荣远，译．北京：华夏出版社，2002.

13. [意] 彭梵得．罗马法教科书 [M]．黄风，译．北京：中国政法大学出版社，2005.

14. ［德］黑格尔．法哲学原理［M］．范扬，张企泰，译．北京：商务印书馆，2009.

15. ［美］斯蒂芬·芒泽．财产理论［M］．彭诚信，译．北京：北京大学出版社，2006.

16. ［日］藤仓皓一郎，木下毅．英美判例百选［M］．段匡，杨永庄，译．北京：北京大学出版社，2005.

17. ［德］舍费尔，奥特．民法的经济分析［M］．江清云，杜涛，译．北京：法律出版社，2009.

18. ［美］利昂·P·巴拉达特．意识形态：起源和影响［M］．张慧芝，张露璐，译．北京：世界图书出版公司北京公司，2009.

19. ［德］梅迪库斯．德国民法总论［M］．邵建东，译．北京：法律出版社，2001.

20. ［德］卡尔·拉伦茨．德国民法通论（上册）［M］．王晓晔、邵建东、程建英、徐国建、谢怀栻，等，译．北京：法律出版社，2001.

21. ［德］卡尔·拉伦兹．德国民法通论（下册）［M］．谢怀栻，译．北京：法律出版社，2002.

22. ［德］拉德布鲁赫．法哲学［M］．王朴，译．北京：法律出版社，2005.

23. ［美］戈德雷．私法的基础：财产、侵权、合同和不当得利［M］．张家勇，译．北京：法律出版社，2007.

24. ［德］梅迪库斯．德国债法分论［M］．杜景林、卢谌，译．北京：法律出版社，2007.

25. ［苏］B. T. 斯米尔诺夫等．苏联民法（上卷）［M］．黄良平、丁文琪，译．北京：中国人民大学出版社，1989.

26. ［美］布雷恩·Z. 塔玛纳哈．论法治：历史、政治和理论［M］．李桂林，译．武汉：武汉大学出版社，2010.

27. ［美］伯纳德·施瓦茨．美国法律史［M］．王军等，译．北京：中国政法大学出版社，1997.

28. ［英］亨利·西季威克．伦理学史纲［M］．熊敏，译．江苏：江苏人民出版社，2007.

三、中文期刊及论文

1. 李永军．对《物权法》第一编的反思［J］．当代法学，2010，2.

2. 中国政法大学物权立法课题组．关于《民法草案·物权法编》制定若干问题的意见［J］．政法论坛，2003，2（1）．

3. 吴向红．中国古代遗失物制度的法律运行与观念流变［J］．法学，2006，1.

4. 屈茂辉．中国遗失物制度的历史经验与现实构造［J］．长沙电力学院学报（社会科学版），1998，4.

5. 梁凤荣，常海洋．论中国传统遗失物制度的流变［J］．许昌学院学报，2007，6.

6. 张礼强．《物权法》关于拾得遗失物制度的缺陷与完善［J］．华北水利水电学院学报（社科版），2009，25（1）．

7. 张晓军．论在我国民事立法上确立遗失物拾得人的报酬请求权［J］．法学家，1998，6.

8. 魏建，彭涛．财产的最佳利用与遗失物制度的法律选择——遗失物制度的法经济学分析［J］．广东社会科学，2008，4.

9. 刘保玉．论货币所有权流转的一般规则及其例外［J］．山东审判，2007，3.

10. 杨立新、王竹．论货币的权利客体属性及其法律规制——以一般等价物理论为核心［J］．中州学刊，2008，4.

11. 陈洸岳．金钱之遗失与拾得［J］．月旦法学杂志，2002，1（80）．

12. 袁波文，丘毅．《物权法》关于拾得遗失物制度的亮点与不足［J］．法制与社会，2008，03（中）．

13. 李昊，廖钰．不动产物权登记案件审理问题新论［J］．重庆大学理工学报（社会科学），2011，25（7）．

14. 杨善长．论交易中遗失物的物权归属——评《物权法》第107条［C］．中国法学会民法学研究会2010年会暨学术研讨会论文集（上册）．

四、外文参考资料

1. Micheal J. Broyde, Micheal Hecht. The Return of Lost Property according to Jewish & Common Law, A Comparison Source [J] . *Journal of Law and Religion*, 1995-1996, 12 (1) .

2. Joseph William Singer. *Introduction to Property* [J] . Aspen Law & Business, 2003.

3. Bryan A. Garner. *Black' s Law Dictionary* [*M*] . *ninth edition.* New York: Thomson Reuters, 2009.

4. Rollin M. Perkins & Ronald N. Boyce, *Criminal Law*, 3d ed. , 1982.

5. Barlow Burke. *Personal Property* [*M*] . *2ed Edition.* , West Publishing Co, 1993.

6. Jesse Dukeminier, James E. Krier. *Property* [M] . New York: Aspen Publishers, INC. , USA, 2002.

7. F. H. Lawson, Bernard Rudden. *The Law of Property* [J] . OUP Oxford, 2002, 3 (3) .

8. Frederick Mundell Watkins. *The age of ideology: political thought*, 1750 *to the present* [M] . New Jersey: Prentice-Hall, 1964.

9. Terrence Ball and Richard Dagger, eds. *Ideals and Ideologies* [M] . 2nd Edition. New York: Harper-Collins, 1995.

10. Carol M. Rose. Possession as the Origin of Property [J] . *the University of Chicago Law Review*, 52 (1) .

11. Luciano Ciafardini , Fausto Izzo. *Codice Civile Annotato con la Giurisprudenza* [M] . 13th Edition. Gruppo Editoriale Esselibri –Simone, 2010.

12. [日] 铃木禄弥. 物权法讲义 [M] . 创文社, 1994.

13. Aristotle. *Nicomachean Ethics* [M] . Hackett Publishing Company, Inc. , 1999.

五、参考网站

1. 新浪网新闻中心: http: //news. sina. com. cn/s/p/2009 - 05 - 11/040217785739. shtml.

2. 中国选举与治理网: http: //www. chinaelections. org/newsinfo. asp? newsid =45986.

六、相关法律法规

1. 《中华人民共和国物权法》（2007）
2. 《中华人民共和国民法通则》（1987）
3. 《日本遗失物法》（2006）
4. 《土地管理法》（1998）
5. 《德国民法典》（2002）
6. 《法国民法典》（1999）
7. 《意大利民法典》（1942）
8. 《巴西民法典》（2002）
9. 《瑞士民法典》（1981）
10. 《阿根廷民法典》（1998）
11. 《俄罗斯联邦民法典》（2006）
12. 《铁路旅客运输规程》（1997）
13. 《澳门民法典》（1999）
14. 《埃塞俄比亚民法典》（1960）

后 记

一晃研习民法已逾十年，感慨良多又一言难尽。自罗马以降，虽然私法已矗立于世2000多年，但在吾辈面前，私法之魅力依旧。私法所坚守的市民自治、平等自由之理念，仍深深打动人心，现代世界中，任何一个国家无论其体制如何，都不敢公然地废止公民的人格权与财产权。但这并不意味着民法已臻完美，也不意味着民法的精神已经在现实世界中确然实现。如果仅有法律条文却没有法律文化；如果公民没有法律意识，那我们离真正之法治仍然遥远。

我们处于一个整体上和平安定的时代，由于历史与体制的一些原因，民法之研究更倾向解决经世致用之问题，对古典命题的研究、对法学与伦理学、法学与哲学关系的思考则处于低潮；以物权法领域而言，目前研究集中在城市土地与房地产的产权问题、不动产登记问题、农村土地流转问题、小产权房问题等。相对而言，对财产权基本理论的研究稍显薄弱。笔者以此小文，“逆流而上”，试图对遗失物相关法律问题从权利归属的角度展开论述，并希望能借助遗失物的讨论对非基于法律行为的物权变动展开论述，进一步能粘合起一幅完整的物权变动拼图。要完成这一任务，除了对既有法律规范进行有效的文义解释与体系解释外，还必须关注伦理学命题、法意识形态命题。就遗失物而言，要厘清制度设计与拾金不昧等所谓道德律令的关系，还要为无人认领的遗失物归属之判定寻求正当性。而正当性的探索与发现过程恰恰是最为艰难的，笔者深感学力有限，很多问题没有得到很好的解决，需要进一步的研习与思考，也希望读者能多提批评意见。

本书是在笔者的博士论文基础上修改完成的，为此要衷心感谢我的博士生导师费安玲教授，四年中费老师给了我诸多无私的指导与帮助。还要感谢论文答辩组的邹海林教授、刘保玉教授等，为我的毕业论文提了很多宝贵意见；以及清华大学的傅廷忠教授、北京化工大学的陈传法教授及中国人民大学的高圣平教授对本文的指导与帮助。最后还要对我的好友刘耀东与郭昌照提出的宝贵意见与帮助表示感谢。